APERÇU

DE LA

POSITION FINANCIÈRE ET MORALE

DE LA SOCIÉTÉ GÉNÉRALE

POUR FAVORISER L'INDUSTRIE NATIONALE DE BRUXELLES.

> Le bilan de la société générale est
> comme un ballon gonflé d'air,
> que la moindre piqûre d'épin-
> gle applatit et réduit au néant.

VALENCIENNES,
IMPRIMERIE DE A. PRIGNET, RUE DE MONS, 9.
1850.

AVERTISSEMENT.

Au moment ou les chambres belges vont s'occuper de la discussion du projet de loi qui a pour but de créer une banque nationale, ayant dans ses attributions la perception des finances de l'Etat, nous aurions désiré pouvoir mettre sous leurs yeux la situation financière actuelle de la société générale qui était chargée jusqu'ici de ces recouvrements ; mais le bilan de cette société pour l'année 1849 n'ayant pas encore paru et la discussion étant prochaine à la chambre des représentans, nous croyons devoir publier l'aperçu de cette situation telle qu'elle résulte de l'examen attentif et consciencieux du bilan de 1848, en attendant que nous puissions également publier l'examen de la situation au 31 décembre 1849, aussitôt que le bilan paraîtra.

La lecture du document que nous donnons aujourd'hui démontrera jusqu'à l'évidence :

1° Qu'il y a non seulement sagesse et opportunité dans la mesure provoquée par M. le ministre des finances, mais qu'on ne pouvait sans danger continuer l'ancien état de choses.

2° Que la liquidation de la société générale lui permettra à peine de satisfaire ses créanciers.

3° Qu'il y aurait donc imprudence grave à lui prêter sans garantie une partie des capitaux de la banque nationale, ainsi que le propose un arrangement provisoire intervenu entre l'Etat et la société générale.

4° Enfin qu'il est urgent de régler les comptes de l'Etat avec cette société si l'on ne veut s'exposer à de nouveaux sacrifices.

Dour, 15 février 1850.

[illegible]

[illegible] [illegible] [illegible] [illegible] [illegible]
[illegible] [illegible] [illegible] [illegible] [illegible]
[illegible] [illegible] [illegible] [illegible]

[illegible] [illegible] [illegible] [illegible] [illegible]
[illegible] [illegible] [illegible] [illegible]

[illegible] [illegible] [illegible] [illegible] [illegible]
[illegible] [illegible] [illegible] [illegible]

[illegible] [illegible] [illegible] [illegible]

PREMIER ARTICLE.

Examen du bilan présenté par la Direction de la société générale pour favoriser l'industrie nationale, à l'assemblée générale des actionnaires du 26 février 1849.

En écrivant au Gouvernement le 13 avril 1848, pour lui annoncer qu'elle était dans l'impossibilité de satisfaire aux demandes de remboursement des déposants à la caisse d'épargne, et pour lui demander l'autorisation de faire une nouvelle émission de billets de banque garantis par l'état, jusqu'à concurrence de vingt millions de francs, la Société générale a mis le pays tout entier dans la confidence de ses embarras financiers.

Cette démarche désespérée de la part d'un établissement destiné à soutenir et consolider le crédit en Belgique, quoique de nature à jeter la perturbation dans l'esprit des nombreux intéressés, n'a étonné que peu de personnes ; car tous les hommes sérieux avaient prévu depuis longtemps que la voie désastreuse dans laquelle s'était engagée l'administration de la société générale, présidée par M. Ferdinand Mêeus, et l'incapacité notoire de la plupart de ses administrateurs deviaient nécessairement aboutir à la ruine de cet établissement et à une catastrophe pour ses actionnaires.

Ce résultat paroissait tellement inévitable dans un avenir très-rapproché, que sans être le moins du monde dans les confidences de la société générale, nous l'avons nous-même annoncé et prédit de la manière la plus catégorique, dans une petite brochure publiée en 1842 sous le titre modeste de : *Avis aux actionnaires de la société générale et aux déposants à la caisse d'épargne de Bruxelles.*

On lit en effet dans cette brochure page 19 :

« C'est donc avec raison que nous avançons que
» la société générale serait obligée de suspendre ses
» paiements ou de faire faillite, si tous les déposants à
« la caisse d'épargne, si les porteurs de son papier
» monnaie, et si les autres propriétaires de titres exi-
» gibles demandaient leur remboursement, par le motif
» tout péremptoire que cette société ayant compromis
» tout son capital dans l'industrie, ses engagements
» ne sont plus garantis par du numéraire en caisse, des
« effets réalisables ou des valeurs immobilières. »

Et plus loin page 22 :

« Nous sommes donc fondés à répéter que la situa-
« tion actuelle de la société générale renferme tous les
« éléments et les symptômes d'une crise financière qui
« doit aboutir à une catastrophe ; enfin que le moindre
« évènement politique ou la moindre panique peut la
« mettre dans l'impossibilité de remplir ses engage-
« ments et plonger le pays tout entier dans la misère
« et la désolation.

Quoi qu'il en soit, avant de déférer à la demande de la société générale, le gouvernement crut devoir réclamer le concours des deux chambres, et nommer une commission chargée d'examiner tous les documents relatifs à la situation de la société générale ; puis ensuite de donner son avis sur la question de savoir s'il y avait lieu pour l'Etat d'intervenir comme le demandait cette société.

La commission composée des hommes les plus honorables et les plus compétents de la Belgique, après s'être livrée à une étude approfondie de la situation adressa à M. le ministre des finances un rapport concluant à l'admission de la demande et à l'intervention du gouvernement. Par suite les chambres furent saisies d'un projet de loi et le gouvernement fut autorisé à garantir la nouvelle émission de billets.

Gardons-nous bien cependant de conclure de cette autorisation, que la société générale soit dans un état de prospérité qui ne laisse rien à désirer ; car, ainsi que le dit la commission dans son rapport, elle n'a eu à répondre qu'à une question générale posée en ces termes : *y a-t-il lieu par l'Etat d'intervenir comme la société générale le demande ?*

La lecture du rapport de la commission démontre au contraire, que si elle avait été appelée à apprécier l'ensemble de la situation, elle aurait qualifié sévèrement la conduite de la société générale ; mais, ainsi que nous le disons, il n'y avait qu'une seule question posée ; et en présence des évènements politiques qui venaient de s'accomplir en France ; en présence des révolutions qui surgissaient de toutes parts, et qui menaçaient de détruire non-seulement les trônes, mais encore la société tout entière ; en présence enfin d'un danger public et réel, qui pouvait compromettre non-seulement la tranquillité mais même l'existence politique du pays, toute discussion étrangère à cette question eut été déplacée. Il n'y avait pas à hésiter, il fallait agir vigoureusement et venir au secours de la société générale.

L'on doit donc savoir gré au gouvernement d'avoir compris l'imminence du danger et d'avoir assuré par une intervention prompte et énergique le repos et la sécurité de la Belgique.

Au moyen de cette nouvelle émission de billets de banque, ayant cours forcé, la Société générale put faire face à ses obligations, en continuant les remboursements réclamés par les déposants à la caisse d'épargne ; et suivant la condition qui lui a été imposée par le gouvernement, la direction de cette Société a présenté dans l'Assemblée générale du 26 février 1849, un bilan arrêté le 31 décembre 1848 et dont l'actif et le passif se balancent par une somme de fr. 187,747,070 ainsi qu'il suit :

Actif.	fr.	c.	Passif.	fr.	c.
Trésor et caisses des agents	23,196,249	40	Capital pour 31,050 1/2 actions	32,857,671	96
Forêts	3,500,000	»	Réserve	30,254,029	11
Adjudicataires de bois	2,615,890	88	Intérêts pour 31,050 1/2 actions	1,665,225	04
Portefeuille	7,442,877	90	Billets	40,575,000	»
Prêts sur nantissement	42,555,795	06	Produits des forêts	267,790	16
Prêts en souffrance	7,987,823	»	Obligations	35,733,265	08
Fonds publics	10,564,805	14	Caisse d'épargne	23,364,159	76
Actions industrielles	22,994,305	»	Comptes courants	21,075,296	31
Obligations de diverses sociétés	9,794,833	»	Divers	1,720,421	66
Comptes courants	41,512,020	23	Profits et pertes	254,211	01
Divers	15,582,468	40			
Fr.	**187,747,070**	**09**	**Fr.**	**187,747,070**	**09**

D'après ce bilan et le compte-rendu qui l'accompagne, la position de la Société générale serait des plus prospères, et les 31,000 actions qui la composent posséderaient un avoir de fr. 63,111,701,07, c'est-à-dire que chaque action vaudrait plus de fr. 2,000.

La question est de savoir si le fait est vrai ou s'il est faux, et c'est ce que nous allons examiner.

La Société générale a trop longtemps tenu la lumière sous le boisseau, en ne publiant pas son bilan chaque année, comme elle aurait dû le faire ; mais le terme de la société expirant, d'après les statuts, le 31

décembre 1849, et une liquidation prochaine étant inévitable, il est temps d'éclairer les ténèbres de sa gestion du flambeau d'une discussion publique et approfondie, afin d'en faire jaillir la vérité. Il est temps que le
pays connaisse la véritable situation de cette société et la
confiance qu'elle mérite désormais; il est temps enfin
que ses actionnaires sachent si leurs fonds sont garantis,
compromis ou perdus sans retour.

D'après l'administration de la société générale chaque
action, avons-nous dit, serait garantie par une valeur de
plus de fr. 2,000.

Nous nous trompons peut-être et, dans ce cas, nous
serons heureux d'être mis à même de reconnaître notre
erreur, mais nous croyons fermement que l'administration se fait illusion sur la prospérité de la société générale; que les éloges et les félicitations dont elle a si
agréablement émaillé son compte-rendu pour dissimuler
ses fautes et rassurer ses actionnaires, n'ont pas le
moindre fondement; nous croyons de plus que les
fr. 63,000,000 qu'elle présente comme actif sérieux
représentant les 31,000 actions, se résoudront, lors de
la liquidation, en une amère déception pour les actionnaires; enfin que *les actionnaires n'ont pas un sou à
espérer de leurs actions.*

Voilà notre opinion nettement formulée; nous allons
essayer de la démontrer, en exposant les faits sur lesquels elle repose :

En lisant les éléments du bilan dont l'actif se compose,
pour ainsi dire, exclusivement d'actions industrielles et
en rapprochant ces éléments des statuts de la société,
on remarque d'abord que les opérations de la société
générale constituent, de la part de ses administrateurs,
une violation flagrante du pacte social, qui engage leur
responsabilité vis-à-vis des actionnaires; mais comme
nous aurons occasion de traiter ultérieurement cette
question, ainsi que toutes celles qui s'y rattachent, nous
ne nous y arrêterons pas pour le moment; nous avons
hâte d'entrer dans l'examen des chiffres et de voir si
après toutes les dettes payées, il restera aux actionnaires
fr. **63,000,000**, comme l'annonce M. le Gouverneur.

Ainsi qu'on l'a vu plus haut le passif s'élève à la somme de . . . . fr. 187,747,070

Le capital et la réserve y figurent pour 63,111,701

Reste donc à payer aux créanciers, indépendamment des fr. 63,000,000 revenant aux actionnaires une somme ronde de . . . . fr. 124,000,000

Quelles sont les ressources de la société générale pour faire face à ces paiements ?

Son actif nous présente fort peu de valeurs disponibles ou réalisables ; cependant nous admettrons comme valeurs certaines et sans chances de pertes d'après les évaluations du bilan, les chiffres suivants :

1. Trésor et caisse des agents . . . . fr. 23,196,249
2. Forêts. 3,500,0000
3. Dû par les adjudicataires 2,615,890
4. Portefeuille. 7,442,877
5. Fonds publics 10,564,805

Ces diverses valeurs donnent une somme de francs 47,319,821, en la déduisant des fr. 124,000,000 ci-dessus il reste encore à payer aux créanciers une somme de fr. **77,000,000**.

Pour balancer cette somme, nous trouvons dans l'actif les articles suivants en valeurs non disponibles :

1. Prêts sur nantissement. . . . . fr. 42,555,795
2. Prêts en souffrance. 7,987,825
3. Actions industrielles. 22,994,305
4. Obligations de diverses société 9,794,833
5. Comptes courants. 41,512,020
6. Divers. 15,582,468

Total. 140,427,246

C'est-à-dire, numériquement parlant, un actif presque double de la somme due par la société à ses créanciers.

Sans doute, si les éléments qui composent ces différents chiffres de l'actif étaient sérieux ; s'ils représentaient des espèces en caisse, des immeubles ou de bonnes valeurs de banque, négociables à l'instant, s'ils représentaient même des actions industrielles, rapportant loyalement l'intérêt du capital, avec amortissement assuré ; en un mot si l'actif présentait des gages certains et réalisables de quelque nature qu'ils fussent ; dans ce cas, il y aurait espoir de payer non-seulement les créanciers, mais encore les actionnaires, nous le reconnaissons ; mais il n'en est point ainsi : les fr. 140,427,246 ci-dessus portés à l'actif de la société générale, quoique sous différentes rubriques, ne représentent pour ainsi dire qu'une

seule catégorie de valeurs, c'est-à-dire des actions industrielles de toutes espèces entièrement dépréciées,
d'une réalisation impossible, et dont à quelques rares
exceptions près, nous défions la société générale de tirer
aucun parti.

Ainsi, remarquons-le bien, la Société générale, instituée spécialement pour faire la banque, et qui, par
conséquent, devait avoir toujours ses capitaux disponibles, a converti en actions industrielles, contrairement à
ses statuts, non seulement son capital social et son fonds
de réserve, mais encore le produit de ses billets de
banque en circulation et celui de ses obligations à terme ; enfin jusqu'aux fonds appartenant à la caisse d'épargne, qui devaient être sacrés entre ses mains. Tout a été
englouti dans le même gouffre !

Eh bien ! peut-on dire que ces actions industrielles,
qui pour la plupart n'ont plus de valeur, représentent, en
espèces, une somme égale à celle pour laquelle elles
figurent au bilan ? Personne n'oserait le prétendre. Il
est certain, au contraire, que leur réalisation amènera
un déficit considérable. .

Voilà pourquoi, malgré l'excédant apparent de l'actif
sur le passif, nous persistons dans l'opinion que le produit de ces valeurs ne suffira pas pour payer les créanciers.

Afin de mieux faire ressortir l'insuffisance de l'actif et
les illusions dont la société générale berce ses actionnaires, nous allons décomposer les différents chiffres
que son actif présente d'une manière globale, et nous
évaluerons ensuite, le plus approximativement possible,
d'après les tableaux joints au bilan, ce que ces chiffres
présentent de sérieux et de réalisable.

Toutefois, nous n'avons pas la prétention d'exposer
aujourd'hui la situation de la société générale avec une
précision mathématique, car les éléments nous manquent cette année ; ce ne sera qu'au bilan prochain,
lorsque la société générale aura fait connaître le résultat
de sa fusion avec la société nationale et la société de
commerce, qu'il sera possible d'apprécier exactement
toute l'étendue de son déficit ; aujourd'hui, nous le répétons, nous ne pouvons donner qu'un aperçu mais un

aperçu raisonné et consciencieux de nature à faire entrevoir la vérité :

1° Pour suivre l'ordre du bilan, nous commencerons par le chiffre des prêts sur nantissement qui figure pour fr. 42,555,795.

Comme garantie de ces prêts, la société générale a reçu des actions industrielles dont le détail est indiqué dans un tableau joint à son bilan. Ces actions lui ont été remises au pair, à l'exception des actions de la société générale qui ont été comptées à raison de fr. 1,500 par action.

En consultant ce tableau, nous voyons figurer :

1° La société de commerce pour   fr. 15,860,767
2° La société nationale pour   10,278,799

Soit pour ces deux sociétés seulement fr. 26,139,556

Une simple observation suffira pour démontrer combien ces chiffres sont illusoires, combien la société générale est coupable de les présenter à ses actionnaires, comme valeurs sérieuses, liquides et effectives.

En effet, tout le monde sait que la société de commerce et la société nationale, se trouvant dans l'impossibilité de continuer leurs opérations, viennent de se fondre tout récemment dans la société générale, et que les actions ont été échangées dans la proportion de cinq actions de ces sociétés contre deux de la société générale, c'est-à-dire que, pour 1,500 actions au capital nominal de fr. 1,000, la société nationale a reçu 6,000 actions de la société générale au capital nominal de 500 florins soit 1,058 francs ; et que la société de commerce, pour 10,000 actions de fr. 1,000, a reçu 4,000 actions de 500 florins ou fr. 1,058.

En prenant pour base le taux d'émission des actions de ces diverses sociétés, et en négligeant la fraction de fr. 58 par action, cette opération signifie que l'actif des sociétés nationale et de commerce, après estimation et débat contradictoires, a été évalué à 40 p. $^0/_0$ de leur capital, ou fr. 400 par action de fr. 1,000, et c'est en effet à ce taux qu'elles se vendent à la Bourse depuis la fusion dont nous venons de parler. Autrefois, une liquidation moyennant 40 p. $^0/_0$ s'appelait faillite ; aujourd'hui, grâce aux innovations apportées par la société générale dans le système financier, une pareille position s'appelle *fusion*. Ainsi désormais on ne dira plus M. un tel est en faillite, on dira M. un tel est *en fusion*. Il y a progrès.

Or, la société nationale avait un capital de fr. 15,000,000
La société de commerce un capital de 10,000,000

Ensemble........ fr. 25,000,000

lesquels réduits à 40 p. °⎹₀ ne donnent plus, pour tout l'actif de ces deux sociétés, qu'une somme de 10,000,000 fr. pour faire face à celle de fr. 26,139,566 qui leur a été prêtée.

Ainsi de ce chef, après avoir employé tout l'actif de ces sociétés pour donner un à-compte sur les prêts, nous trouvons déjà un déficit de fr. 16,139,566.

Il est vrai que, dans un rapport présenté le 12 mars dernier à l'assemblée générale des actionnaires de la société de commerce, M. Demunck, ancien administrateur de la société générale, qui, en cette qualité, a participé à toutes les fautes de cette société, n'a pas craint d'estimer fr. 1,800 les actions de la société générale qui appartiennent à la société de commerce et de prétendre que ces actions valaient plus de fr. 2,000 ; mais c'est là une assertion mensongère qui n'avait d'autre but que d'entretenir l'illusion des malheureux actionnaires, et contre laquelle on ne saurait protester trop énergiquement.

En effet, cette assertion repose sur l'hypothèse que tous les chiffres portés à l'actif du bilan présentent des valeurs réelles, liquides et effectives, pouvant se réaliser à l'instant même, sans aucune perte, et M. Demunck sait mieux que personne qu'une pareille assertion est un mensonge, ainsi que la discussion à laquelle nous nous livrons le prouvera surabondamment, et ainsi que l'a déjà prouvé le résultat de la fusion ci-dessus.

Il ne suffit pas de grouper des chiffres et de mettre les colonnes d'un bilan en équilibre, par des nombres représentant un actif imaginaire ; il faut examiner si ces chiffres représentent réellement en espèces une valeur liquide égale à la somme pour laquelle ils figurent au bilan. Voilà ce qu'auraient dû faire M. Demunck et M. le gouverneur lui-même, au lieu d'induire tout le pays en erreur.

Mais continuons notre examen: les sociétés nationale et de commerce ne doivent pas à la société générale, uniquement pour prêts à elles faits, elles doivent encore par compte-courant à découvert, les sommes suivantes pour lesquelles il n'y a pas un centime à recouvrer, puisque tout leur actif a été absorbé par un à-compte sur les prêts, savoir :

La société de commerce fr.	16,032,233	
La société nationale	5,158,843	21,191,076
lesquels avec les 16,139,566 ci-dessus		16,139,556
forment un total de		37,330,642

Ainsi en admettant comme exacts tous les documents fournis par la société générale, et en supposant que l'actif des sociétés nationale et de commerce n'éprouve pas de nouvelles réductions, lors de la liquidation, voilà une perte de fr. 37,330,642 avec deux de ses débiteurs seulement. Nous défions l'administration de sortir de là.

Après cette première observation, examinons la nature des principales actions données en garantie et la dépréciation qu'elles ont déjà éprouvée :

Actions.	Nombre	Sommes prêtées.		Valeur actuelle.	
Canal de jonction...	2,177	2,177,000	70 0/0	1,523,200	francs
Société générale ...	10,503	15,754,500	»	néant	
id. nationale ...	3,473	3,473,000	40 0/0	1,389,200	»
id. commerce...	3,699	3,699,000	40 0/0	1,479,600	»
Civile	2,229	2,229,000	80 0/0	1,783,200	»
Produits	1,976	1,976,000	80 0/0	1,580,800	»
Levant du flénu....	2,676	2,676,000	80 0/0	2,140,800	»
Hornu et Wasmes..	1,577	1,577,000	75 0/0	1,182,750	»
Couillet,...........	2,831	1,415,500	40 0/0	566,200	»
Chatelineau.........	1,492	1,492,000	10 0/0	149,200	»
Selessin	3,279	3,279,000	50 0/0	1,638,000	»
Mutualité..........	12,288	6,144,000	40 0/0	2,457,600	»
Sommes prêtées........		45,892,000 fr.		15,891,250	»
Valeur actuelle........		15,881,250			

Déficit probable... fr. 30,000,750

Nous ne pousserons pas plus loin nos investigations sur ce point; toutes les autres actions données en garanties offrent des dépréciations plus fortes encore; la plupart ne sont cotées qu'à 5 et 10 p. °/₀, sans acheteur, quoiqu'elles aient été données en nantissement au pair, et cependant voilà les valeurs que la Société générale présente dans son bilan comme valeurs certaines, et liquides au taux d'émission ! !

Nous croyons donc que cet aperçu suffit déjà pour donner une idée du charlatanisme qui a présidé à la confection du bilan, ainsi que du peu de confiance que méritent les chiffres et les belles assurances de prospérité que l'on fait miroiter si habilement aux yeux des actionnaires.

Nous avons supprimé complètement la valeur donnée aux actions de la société générale, par la raison que ces actions ne peuvent avoir aucune valeur, qu'autant qu'il resterait quelque chose, après le paiement de toutes les dettes ; et comme nous sommes convaincu que la réalisation de tout l'actif ne suffirait pas aujourd'hui pour payer intégralement les créanciers, nous avons cru pouvoir ne donner aucune valeur à ces actions, sauf à revenir avec empressement de cette opinion, si l'on nous démontre que nous nous sommes trompés ; mais pour le moment, nous le répétons, *ces actions n'ont aucune valeur* et ce n'est que parce que la vérité n'est pas connue, qu'elles se côtent encore fr. 12 et 1300 à la bourse.

2°. Passons aux prêts en souffrance.

Ce chapitre s'élève à fr. 7,947,825.

Le compte rendu par M. le gouverneur ne donne aucun renseignement sur les personnes qui doivent ces fr. 7,947,825 ; seulement nous y voyons que le chiffre des prêts en souffrance s'est élevé de fr. 1,082,696 à 10,585,434 ; que par suite de la dépréciation du gage, la société a déjà essuyé un découvert de fr. 2,560,070, qui a été passé par profits et pertes, et que le chiffre de l'évaluation actuelle fr. 7,947,825 a été porté par le transfert des prêts sur nantissement, aux comptes en souffrance à l'égard des débiteurs dont la solvabilité personnelle ne pourrait suppléer à l'insuffisance du gage.

Cette observation du compte rendu confirme notre opinion et justifie toutes nos critiques.

Reste à savoir si l'évaluation actuelle est en dernier ressort, et ne subira pas encore de nouvelles réductions, lorsqu'il s'agira de réaliser ces actions.

Quoi qu'il en soit, comme le gage assigné à cette créance se compose exclusivement d'actions industrielles, sur lesquelles la société générale a prêté le pair de ces actions, leur réalisation en admettant qu'elle soit possible, présentera toujours pour la société générale une perte égale à la différence entre la somme prêtée et le prix qu'on en obtiendra ; cela est évident , ainsi donc de ce chef, il y aura encore perte inévitable....

3°. Voyons maintenant les actions industrielles....

Le chiffre de f. 22,994,305 représente la valeur donnée aux actions que la société générale possède pour son propre compte.

L'on pourrait s'étonner à bon droit qu'une compagnie financière, instituée exclusivement pour faire des opérations de banque et à laquelle les statuts défendent de s'immiscer dans l'industrie, possédât des actions industrielles, pour une somme aussi considérable ; mais comme les réflexions que nous aurions à faire à cet égard, se rattachent aux fautes commises par les administrateurs, nous les ajournons au moment où nous traiterons la question de la violation des statuts. Il ne s'agit ici que d'apprécier le mérite du chiffre de f. 22,994,305.

Nous n'hésitons pas à avancer que ce chiffre est encore une illusion, et que la valeur donnée aux actions a été exagérée outre mesure dans le bilan de 1848 que nous examinons.

Pour le prouver, il nous suffira de rapprocher la valeur donnée aujourd'hui aux actions, de celle que la société générale leur avait assignée dans son bilan de 1847.

Toutefois ne pouvant en faire ici l'énumération complète nous en citerons les principales dans le tableau suivant :

	Actions.	Evaluation.		Augm^tion.
		En 1847.	En 1848.	
Les produits................	884	790	1,200	fr. 362,440
Hornu et Wasnes............	804	890	1,000	88,440
Sclessin....................	259	500	800	77,000
Levant du Flénu............	753	830	1,200	307,100
Lodelinsart................	350	400	500	35,000
Couchant du Flénu..........	430	970	1,100	55,900
Nord de Boussu............	600	700	1,000	180,000
Mambourg..................	300	500	800	90,000
Chemin de fer du Flénu......	695	890	1,200	215,450
Bateaux à vapeur..........	50	200	900	35,000
Long-Terne................	250	50	250	40,000
Glaces....................	196	500	1,000	98,000
			Augmentation.....	f. 1,585,030

Ainsi voilà sur la valeur des actions de quelques sociétés seulement une augmention de f. 1,585,030 portée au bilan de 1848 !!

M. le gouverneur voudrait-il bien nous dire sur quel motif sérieux repose cette hausse survenue tout-à-coup sur le prix des actions que possède la société générale ?

La confiance a-t-elle reparu ? Les actions ont-elles repris faveur et sont-elles recherchées à la bourse ? ensuite l'horison publique est-il entièrement éclairci, et l'avenir des sociétés sous le patronage de la société générale, est-il tellement assuré qu'elle puisse dès à présent escompter cet avenir, et augmenter la valeur des actions qu'elle a dans ses cartons ? Nous ne le pensons pas ; rien n'annonce encore le retour des beaux jours de 1838, où l'agiotage et la fièvre industrielle étaient à leur apogée.... Nous avons beau y réfléchir ; nous ne trouvons pour expliquer cette augmentation factice d'autre raison que la nécessité de faire croire à un actif considérable pour dissimuler sa misère.

Nous allons même démontrer le bilan à la main que pour tout homme sérieux et de bonne foi, loin d'augmenter le taux des actions, il y avait lieu de le réduire pour la plupart d'entr'elles ; et voici à l'appui de cette opinion quelques exemples empruntés au bilan lui-même :

1°. Lors du bilan de 1847, la société des produits n'avait pas de dettes et la société générale estimait ses actions f. 790 l'une.

Au bilan de 1848, elle doit f. 180,000 et la société générale porte le prix de ses actions à f. 1,200 soit par action une augmentation de f. 410.

2°. Lors du bilan de 1847, la société du levant du Flénu n'avait pas de dettes et la société générale estimait ses actions f. 830.

Au bilan de 1848, elle doit f. 123,800 et la société générale porte ses actions à f. 1,200, soit f. 370 de plus par action.

3°. Lors du bilan de 1847, la société du couchant du Flénu organisée au capital de f. 2,000,000, devait f. 683,000, et la société générale estimait ses actions à f. 970.

Au bilan de 1848, la dette est augmentée de frs. 210,000, elle s'élève à f. 893,250, à peu près la moitié du capital social, et la société générale porte ses actions à f. 1,100, soit f. 130 de plus par action...

4°. Lors du bilan de 1847, la société du bois de Boussu instituée à f. 2,500,000 devait f. 365,925 et la société générale estimait ses actions à f. 700.

Au bilan de 1848, la dette est augmentée de francs 512,075, elle s'élève à f. 887,000 c'est-à-dire à plus du tiers du capital social et la société générale porte ses actions à f. 1,000 soit 300 de plus par action.

Nous n'aurions jamais imaginé, quant à nous, que l'augmentation des dettes d'une société, fut une circonstance heureuse, de nature à faire augmenter la valeur de ses actions; il était réservé à la société générale d'inventer un pareil système financier ! *Ab uno disce omnes.*

Les rapprochements ci-dessus sont plus éloquents que tout ce que nous pourrions dire ; ils portent avec eux une signification énergique, et suffiront pour prouver que l'évaluation de cette partie de l'actif, ne mérite pas plus de confiance que celle des chapitres précédents.

Lorsque nous discuterons le compte-rendu qui accompagne le bilan de 1848, nous ajouterons quelques observations qui achèveront de démontrer que la valeur assignée aux actions industrielles que possède la société générale est tout à fait illusoire et que, pour la plupart d'entr'elles, cette valeur devrait être réduite considérablement.

4° Obligations de diverses sociétés fr. 9,794,833.

Dans ce chiffre, nous voyons figurer en première ligne la société de Chatelineau pour fr. 2,000,000.

Cette société étant depuis longtemps dans un état de détresse extrême et pour ainsi dire de déconfiture, il ne faut jamais penser au remboursement ; on ne pourrait espérer d'y arriver qu'en vendant l'établissement, ce qui ne paraît pas probable, et dans ce cas même est-il bien certain qu'on trouve un amateur qui consente à donner fr. 2,000,000 de l'établissement ? Nous en doutons, car les actions de cette société ne sont cotées qu'à 10 pour cent par la société générale elle-même, ce qui pour un capital de fr. 4,300,000 ne donnerait à l'établissement entier de Chatelineau qu'une valeur de fr. 430,000. Cette créance laisserait donc un déficit de plus de quinze cent mille francs, en supposant que la socité générale fut seule créancière, tandis qu'il résulte du bilan publié par la société de commerce que cette société est aussi créancière de fr. 6,000,000 sur actions non émises.

Après Chatelineau, viennent parmi les industries métallurgiques :

<pre>
    Couillet pour..........   fr. 1,233,923
    Le Phœnix à Gand.....   452,000
    Le Renard à Bruxelles.   50,000
</pre>

Voici sur la situation de chacune de ces sociétés quelques observations de nature à édifier le public :

Couillet, malgré son capital considérable, ou peut-être même à cause de son capital trop considérable et de l'immensité de ses établissemens, n'a jamais pu se soutenir ; ses actions sont dépréciées depuis longtems et ne se placent plus à aucun prix ; il n'est donc pas permis d'espérer qu'il parvienne à payer ce qu'il doit.

Le Phœnix d'après ses statuts est institué au capital de fr. 500,000 ; il en doit fr. 452,000 à la société générale ;

Il n'y a donc pas encore de remboursement à espérer; ses actions étaient cotées 17 pour cent au bilan de 1847.

Quant à la société du Renard, il parait que la liquidation n'a laissé qu'un déficit et que tout son avoir est fondu puisque la société générale ne cote ses actions de fr. 1,000 qu'à raison d'un franc chacune dans son bilan.

Les obligations de ces sociétés métallurgiques, laisseront donc une perte considérable pour la société générale.

Viennent ensuite les obligations des sociétés charbonnières qui s'élèvent à environ fr. 4,000,000.

Si nous exceptons de ces sociétés celles des produits, et du Levant, du Flénu, qui sont dans de meilleures conditions, nous n'en voyons aucune qui soit en mesure de rembourser même par annuités, à moins que les circonstances ne deviennent plus favorables, et que les déficits annuels se changent en bénéfices.

Dans tous les cas, cette partie de l'actif n'offre rien de disponible, ni de certain et laissera un déficit plus considérable qu'on ne pense généralement quand viendra le moment définitif et qu'il faudra enfin régler les comptes pour liquider la société générale.

5° Comptes courants fr. 41,512,020.

Ainsi que nous l'apprennent un tableau joint au bilan et le rapport de la commission chargée d'étudier la situation de la société générale, les débiteurs par compte courant ne sont point des particuliers ; ce sont quelques unes des sociétés fondées sous le patronage de la société générale, et dans le chiffre de fr. 41,512,020, la société de commerce, la société nationale et la société de mutualité figurent pour environ fr. 40,000,000.

Nous avons déjà vu que les avances faites aux sociétés de commerce et nationale s'élevaient à fr. 21,000,000 pour lesquels il n'y avait pas un centime à recouvrer.

Reste fr. 19,009,000 environ à la charge de la société de mutualité industrielle.

Nous n'avons pas le bilan de cette société à notre disposition, *puisqu'elle se garde bien de le publier;* mais nous croyons lui faire une large concession en la mettant sur la même ligne que la société nationale et la société de commerce, c'est-à-dire en évaluant son actif à 40 pour cent de son capital.

En effet, cette société ne possède rien autre chose que des actions industrielles ; et sans nous occuper de la perte résultant pour elle, de la dépréciation de ses autres actions de toute nature, nous voyons dans le rapport de la commission que la société de mutualité possède environ **9,000** actions de la société générale.

Or, comme ces actions n'ont aucune valeur à nos yeux et qu'elles absorbent déjà la moitié du capital de la mutualité, nous croyons, disons-nous, apprécier favorablement sa position en évaluant son actif à 40 pour cent. Il y aura dont encore de ce chef une perte énorme qui ne peut être moins de douze millions environ.

6° Divers............. fr. 15,582,468.

Le bilan ne fournissant par les renseignements nécessaires pour donner une idée exacte de ce chapitre, il
nous est impossible de formuler une opinion ; mais dus-
sions nous l'admettre intégralement, nous croyons avoir
démontré par les observations qui précédent :

1° Que c'est à tort et mal à propos que M. le gouverneur Meeus et après lui M. Demunck ont affirmé que
les actions de la société générale étaient représentées par
par une valeur de plus de *deux mille francs chacune.*

2° Que la liquidation permettra à peine de payer les
créanciers, et que *les actionnaires sont exposés à tout
perdre.*

Nous avons discuté jusqu'ici le bilan en examinant les
articles qui le composent, suivant l'ordre de leur inscription , ce qui ne nous a permis de donner que des
aperçus pâles et incomplets de la situation de la société
générale.

Examinons maintenant ce bilan sous un autre aspect,
et d'une manière plus pratique ; les résultats frapperont
davantage l'imagination et rendront notre démonstration
plus facile.

Ainsi que nous l'avons vu plus haut , après avoir employé toutes les valeurs disponibles de l'actif, à l'acquit
d'une partie du passif, il reste à payer aux créanciers une
somme de fr. 77,000,000 , sans compter les fr.
63,000,000 qui reviennent aux actionnaires.

Pour faire face à ces besoins, la société générale présente fr. 140,000,000 de valeurs dans lesquelles nous
voyons figurer pour fr. 125,000,000 d'actions ou d'o-
bligations industrielles sans savoir d'ailleurs de quoi se
compose la rubrique *divers* qui figure pour fr.
15,000,000.

Eh bien ! nous le demandons à tout homme de bonne
foi, en admettant que toutes ces actions soient excellen-
tes, ce qui n'est pas, puisque la plupart n'offrent aucune
valeur, est-il possible de penser à réaliser une quantité aussi considérable d'actions dans un pays aussi res-
treint que la Belgique, surtout après les désastres qu'a
produits la fièvre industrielle de 1838 ? Et cependant si

l'on ne réalise pas, avec quoi payera-t-on les créanciers, au moment de la liquidation qui est prochaine ?

L'on comprend parfaitement d'ailleurs que, quelle que soit leur valeur actuelle, ces actions éprouveraient une dépréciation énorme, si une pareille masse était jetée à la bourse. Mais laissons de côté toutes ces hypothèses défavorables à la société générale ; fesons lui la part la plus belle possible et supposons qu'elle ait acheteur pour toutes ses actions industrielles vendables ; dans ce cas même, le plus favorable qui se puisse présenter, nous croyons qu'elle aurait peine à payer ses créanciers, et nous allons essayer de le prouver.

Voyons d'abord dans quelles proportions les trois sociétés nationale, de commerce et de mutualité figurent dans son actif :

Nous trouvons ces trois sociétés débitrices :

1°. Par compte-courant d'une somme ronde de......... fr. 40,000,000

2° Pour prêt à la société de commerce..................... 15,860,767

3° Pour prêt à la société nationale...................... 10,668,278

La société générale possède personnellement :

4° 1,412 actions de la société de commerce de fr. 1,000.... 1,412,000

5° 2,189 actions de la société nationale de fr. 1,000. 2,189,000

6° 14,701 actions de la mutualité de fr. 500............ 7,350,000

Elle a reçu de divers en nantissement :

7° 3,473 actions de la société nationale.................. 3,473,000

8° 3,699 actions de la société de commerce................ 3,699,000

9° 12,288 actions de la mutualité dont il faut déduire 8,282 données en gage par les sociétés nationale et de commerce et qui figurent à leur compte de prêt, 4,006 actions à fr 500.......................... 2,003,000

Ainsi, la société générale se trouve créancière et intéressée à différents titres dans les trois sociétés ci-dessus pour la somme énorme de.....................................Fs. 86,655,000

Nous avons déjà vu que tout l'actif des sociétés nationale et du commerce ne s'élevait qu'à 40 % du capital, et que c'était faire une large part à la mutualité que de la mettre sur la même ligne.

Or, les capitaux de ces trois sociétés s'élevant ensemble à fr. 50,000,000, ne représentent plus aujourd'hui que la somme de fr. 20,000,000.

En supposant que la société générale fut seule créancière de ces sociétés et qu'elle put appliquer à sa créance l'intégralité de leur avoir, elle recevrait donc................. 20 000,000

Par conséquent, elle resterait en perte avec ces trois sociétés d'une somme de............................... fr 66,655,045

Continuons : indépendamment des actions de la société générale données en nantissement par les sociétés nationale et de commerce, la société générale a encore prêté à des tiers sur 5,461 de ses propres actions à raison de fr 1,500 par action une somme de fr. 8,291,500.

Total a reporter..   66,655,045

Report....F. 66,655,045

Ces actions ne pouvant avoir aucune valeur qu'autant qu'il resterait quelque chose aux actionnaires après le paiement de toutes les dettes, et, dans notre opinion, l'actif ne suffisant pas pour payer ces dettes, c'est encore une somme entièrement perdue à ajouter à celles qui précèdent, ci..... 8,291,500

Voilà un échantillon des mécomptes qui, lors de la liquidation, attendent les actionnaires de la société générale, sur la valeur des actions de ces quatre sociétés.

Parcourons encore quelques autres éléments du bilan :

Nous avons vu plus haut qu'en comparant pour quelques sociétés seulement, le bilan de 1847 avec celui de 1848, la société générale avait augmenté, sans aucun motif sérieux, la valeur des actions qu'elle possède d'une somme de fr 1,585,030 qu'il faut rabattre, ci............... 1,585,030

Que de plus, sur les obligations des sociétés métallurgiques et charbonnières elle aurait encore à supporter une perte évaluée au minimum....................... 1,600,000

Enfin, si nous tenons compte de la dépréciation des valeurs données en nantissement par d'autres que les sociétés de commerce et nationale, valeurs parmi lesquelles figure une grande quantité d'actions de fr. 1,000 qu'on ne réaliserait pas à fr. 100, et que nous portons pour faire une somme ronde seulement à fr. 1,868,425, ci................. 1,868,425

Nous arrivons à la somme de.............. fr. 80,000,000 qu'il faut rabattre des fr. 140,000,000 portés à l'actif, toujours en supposant que les autres chiffres de l'avoir n'éprouvent aucune réduction lors de la liquidation, en sorte qu'il ne restera que fr. 69,000,000 pour faire face aux fr. 77,000,000 de créances et sans que les actionnaires aient reçu un centime.

Tel est le résultat probable qu'amènerait aujourd'hui la liquidation du premier établissement financier de la Belgique, lequel dirigé par des mains plus habiles était appelé à égaler les brillantes destinées de la Banque de France et des premiers établissements financiers de l'Europe! Résultat déplorable, amené par la violation flagrante et continuelle du pacte social, ainsi que par l'incapacité et l'esprit d'agiotage de ses administrateurs!!

Et c'est en présence d'une pareille probabilité que M. le gouverneur Ferdinand Meeus, ose encore prétendre que chaque action est garantie par une valeur de plus de fr. 2,000!!

En vérité, nous n'osons qualifier une pareille conduite!

Nous répéterons, en terminant ce premier article, que nous n'avons pas la prétention d'avoir présenté la position financière de la société générale avec une précision mathématique ; nous regrettons que les éléments nous manquent à cet égard et que les documents fournis par la société générale ne soient pas plus complets. Nous n'avons eu d'autre but que de rechercher la vérité ; si nous nous en sommes écartés, la société générale a les moyens de nous le prouver, en publiant un bilan détaillé, comprenant tous les éléments qui formaient l'actif et le passif des sociétés nationale et de commerce, ainsi que tous les documents propres à éclairer le public, sur la valeur et la véritable signification des chiffres qui figureront à son bilan.

Si donc nous nous sommes trompés, nous reconnaîtrons avec empressement notre erreur; mais tant que la société générale ne nous aura pas démontré catégoriquement que nous sommes dans l'erreur, nous persisterons à dire :

1° Qu'il n'est pas vrai que chaque action de la société générale soit garantie par une valeur de plus de fr. 2,000.

2° Que la liquidation permettra à peine de payer les créanciers et que les actionnaires sont exposés à tout perdre.

Dans un prochain article, nous nous occuperons du compte-rendu par M. le gouverneur; nous traiterons ensuite dans un troisième article la question au point de vue des statuts et nous indiquerons les conséquences de la position actuelle.

DEUXIÈME ARTICLE.

Examen du compte-rendu par la Direction à l'assemblée générale des actionnaires, le 26 février 1849, en exécution de l'art. 49 des statuts.

Le compte-rendu, dont les grandes sociétés financières ont l'habitude d'accompagner la présentation du bilan annuel, doit avoir pour but non seulement de faire connaître aux actionnaires les opérations qui ont été faites pendant l'exercice précédent, mais encore de suppléer par des explications détaillées à la sécheresse des chiffres, afin qu'après la lecture de ces documents chacun puisse se rendre un compte exact des différents éléments qui composent l'actif et le passif, et avoir une connaissance précise de la position de la société, tant à l'égard de ses actionnaires qu'à l'égard de ses créanciers.

Sous ce premier rapport, nous croyons que le compte-rendu laisse beaucoup à désirer; d'abord, parce qu'il ne donne pas d'une manière complète les renseignements qui seraient nécessaires pour faire apprécier à leur juste valeur certains chiffres généraux de l'actif; ensuite, parce que loin de donner une connaissance précise de la position, ce compte-rendu présente la société sous des couleurs trompeuses, et fait naître dans l'esprit des actionnaires un espoir chimérique qui ne leur laissera que d'amères déceptions.

Le compte-rendu que nous allons examiner commence l'explication de l'actif du bilan en nous disant qu'il comprend 118 comptes s'élevant ensemble à fr. 187,747,070 ; mais que pour que la position puisse être plus exactement appréciée, il est utile de réduire ces comptes à quelques catégories plus générales.

Pour notre compte, nous ne critiquerions pas ce mode de procéder, si, à côté de chaque catégorie générale, se trouvait un tableau donnant tous les détails explicatifs et sincères, auxquels on put recourir au besoin pour s'éclairer ; mais, en l'absence de pareils renseignements, nous ne saurions voir dans le bilan et le compte-rendu qui l'accompagne, qu'un aperçu plus ou moins trompeur et non une appréciation exacte de la position de la société générale.

1° Portefeuille........ fr. 7,442,877

Après quelques observations sans importance, sur les chiffres concernant le trésor et les forêts qui appartiennent à la société générale, le compte-rendu examine le portefeuille et nous apprend qu'il renferme des effets pour une somme de fr. 7,442,877 ; qu'il a été escompté seulement pour fr. 52,645,191 de valeurs pendant 1848 ; que ce résultat est dû au ralentissement des affaires et à la co-existence d'un grand nombre d'établissements de crédits en Belgique, ainsi qu'au principe invariable que la société s'est tracé de repousser les effets qui ne constituaient qu'une circulation factice.

De pareils résultats sont déplorables et accusent un vice radical dans l'administration de la société générale.

Comprend-on, en effet, qu'un établissement financier vraiment gouvernemental créé spécialement pour faire la banque et venir au secours de l'industrie, avec un capital de fr. 63,000,000, dans un pays aussi riche et aussi industriel que la Belgique n'ait en portefeuille que fr. 7,442,877 d'effets de commerce, c'est-à-dire pour environ la neuvième partie de son capital, quand le plus

mince banquier, sage et prudent a souvent en portefeuille
des valeurs pour une somme décuple de son capital ?

Comprend-on davantage qu'avec un capital, pour
ainsi dire égal à celui de la Banque de France, la société
générale n'ait escompté que pour fr. 52,000,000 pendant une année entière, c'est-à-dire beaucoup moins
que son capital, quand la Banque de France escompte
pour un chiffre plus élevé pendant une semaine, quel-
quefois même en un seul jour ?

Disons-le bien haut : non, la cause de cette pénurie
d'affaires n'est pas due à la co-existence d'autres établissements de crédit en Belgique, ni au ralentissement
de l'industrie ; il faut la chercher ailleurs, et nous la
trouvons tout entière dans les fautes commises par les
administrateurs, dans la violation des statuts, et dans
l'immobilisation des capitaux.

En effet, instituée spécialement pour faire la banque,
la société générale, par l'importance de son capital,
devait être la source à laquelle viendraient puiser tous
les industriels et tous les banquiers du pays ; elle devait
être le centre auquel aboutiraient nécessairement, soit
directement, soit indirectement, toutes les valeurs de
commerce de la Belgique. Il lui suffisait pour obtenir
ces résultats de se renfermer dans ses statuts et de tenir
toujours ses capitaux disponibles pour satisfaire aux demandes qui n'auraient pas manqué d'assiéger ses comp-
toirs.

Au lieu de se maintenir sagement dans cette ligne tra-
cée par ses statuts, et qui aurait infailliblement conduit
la société au plus haut degré de prospérité, ses administrateurs, foulant aux pieds le pacte social qui leur inter-
disait toute opération industrielle, se sont lancés à corps
perdu dans l'industrie et ont immobilisé depuis plus de
dix ans un capital double du fonds social devenu
improductif.

Par suite, les capitaux destinés aux escomptes ont
manqué ; tous les industriels dont les établissements
n'étaient pas sous le patronage de la société générale,
voyant dans cette société une rivale dangereuse au lieu
d'une protectrice bienveillante que leur promettaient les
statuts, ont donné une autre direction à leurs relations de
banque ; enfin, cette société qui, dans l'esprit de son
fondateur, devait être la base et le soutien du crédit en

Belgique, après avoir englouti témérairement ses capitaux et ceux de la caisse d'épargne, s'est trouvée elle-même dans la triste nécessité de recourir au crédit pour maintenir son existence chancelante, et de fatiguer les journaux de ses réclames pour chercher des preneurs de ses obligations à terme.

Voilà la véritable cause de la décadence et de la ruine de la société générale, qui, douée en naissant d'une constitution robuste et colossale, se trouve aujourd'hui réduite à l'état de cadavre par l'impéritie de ceux qui étaient chargés de la faire prospérer.

2° Prêts sur nantissement et en souffrance :

         1° Nantissement..... fr. 42,555,795
         2° En souffrance......... 7,987,825
         3 Intérêts dus........... 1,822,470
                                   ─────────────
                        Total .... fr. 52,374,048

Ici encore absence complète de renseignements précis de nature à faire apprécier ce que ces chiffres offrent de sérieux et de réalisable pour les actionnaires. Nous ne trouvons d'autres renseignements qu'un tableau indiquant les actions données en nantissement par les sociétés nationale et de commerce. Pourquoi n'avoir pas donné les mêmes renseignements à l'égard des autres débiteurs et n'avoir pas dit dans un autre tableau, par exemple :

M. Meeus, le gouverneur de la société générale, qui doit fr. 5,434,000, a donné telles et telles actions en nantissement.

M. Barbanson, qui doit fr. 1,703,000, a donné telles et telles actions en nantissement.

M. Picquet, de Mons, qui doit fr. 212,000, a donné telles et telles garanties, et ainsi de suite des autres débiteurs.

Ou bien si, par égard pour le crédit privé, l'on ne voulait pas désigner nominativement les débiteurs, pourquoi ne les avoir pas indiqués par un numéro d'ordre, en plaçant en regard de ce numéro les sommes prêtées et les garanties données ?

Par ce moyen, il eut été possible d'apprécier à peu près exactement jusqu'à quel point chaque prêt était garanti ; mais, nous le répétons à regret, les renseignements nous manquent complètement à cet égard.

Toutefois, remarquons en passant que les emprunteurs sur nantissement ne peuvent même pas payer les intérêts des sommes à eux prêtées, et qu'ils redoivent, pour intérêts seulement, une somme de fr. 1,822,470, ce qui est loin de faire espérer qu'ils soient en mesure de rembourser le capital.

Après ces observations reprenons le compte-rendu.

L'administration constate que le chiffre des prêts comparé avec celui des bilans précédents présente une réduction de fr. 6,324,401, et elle se félicite beaucoup de cette amélioration.

Nous croyons que c'est mal à propos que l'administration accuse de ce chef une réduction de fr. 6,324,401 sur la dette ; car ainsi qu'elle l'annonce elle-même, cette réduction n'a pas eu lieu au moyen de remboursement en espèces et voici comment elle a été opérée : en échange des actions données en nantissement, la société générale a reçu des obligations à terme de quelques-uns de ses débiteurs ; elle a racheté de quelques autres, leurs actions qui lui appartiennent aujourd'hui.

Ainsi, il n'y a pas eu remboursement effectif en espèces ; la dette existe toujours ; il y a seulement substitution d'un titre à un autre, et rien n'annonce que les intérêts des actionnaires soient mieux garantis par cette conversion que par le nantissement primitif.

Du reste l'administration ne dissimule plus les difficultés que lui prépare la liquidation des prêts sur nantissement ; elle laisse même entrevoir le désastre qui l'attend, en confessant que la vente de propriétés immobilières a été tentée plusieurs fois sans succès par les débiteurs, et que les actions industrielles données en nantissement ont été frappées d'un discrédit général.

Mais en réponse à un pareil aveu, se présentent plusieurs observations écrasantes pour l'administration de la société générale :

D'abord si l'administration s'était conformée à l'art. 25 des statuts qui défendait de jamais se mettre en avances, sans sûreté suffisante, est-ce qu'elle serait obligée d'attendre l'éventualité de ventes d'immeubles, et de discuter alternativement tous ses débiteurs dans leurs propriétés ?

Ensuite d'après ce que nous apprend le rapport de la commission nommée par le gouvernement, tous les prêts ont eu lieu en 1839 pour le terme de six mois.

Eh bien ! pourquoi l'administration n'a-t-elle pas réclamé le remboursement à l'expiration des six mois, sans attendre que les gages soient entièrement dépréciés et que tous ou presque tous ses débiteurs soient devenus insolvables ?

Pourquoi a-t-elle laissé immobiliser ses capitaux et ceux de la caisse d'épargne depuis plus de dix ans, ce qui a causé la ruine de la société générale ?

Evidemment une pareille incurie ne saurait tenir lieu de la conduite sage, prudente et éclairée que les actionnaires étaient en droit d'attendre de mandataires auxquels ils avaient confié les intérêts les plus précieux du pays.

Au contraire, la conduite des administrateurs a été une violation constante des statuts et une suite de fautes lourdes qui les rendent tous responsables des pertes qu'ils ont fait éprouver à la société.

Il est vrai que pour essayer de détourner le poids de la responsabilité qui l'accable, l'administration dans son compte-rendu prétend que la cause de sa détresse doit être attribuée à la loi du 22 mai 1848 qui a suspendu temporairement le paiement des intérêts des actions de la société générale, ce qui, selon elle, a rendu ces actions en quelque sorte irréalisables, et déprécié la valeur des autres actions données en nantissement.

Mais c'est là un misérable subterfuge qui ne saurait tromper personne.

En effet, quant à la société générale, est-ce que c'est la suspension de l'intérêt à partir de 1848 qui a empêché cette société de réclamer depuis dix ans, le remboursement des prêts faits par elle, alors que ces actions recevaient régulièrement le paiement des intérêts et étaient côtées très-cher à la Bourse ? évidemment, non.

Quant aux actions des autres sociétés, est-ce que la loi en a interdit la vente, ou même suspendu l'intérêt ? évidemment, non encore......

» Si donc ces actions ne se vendent plus, c'est qu'on n'y a plus confiance; et si la confiance s'est retirée, c'est que ces actions, créées pour la plupart sans cause sérieuse et uniquement pour alimenter l'agiotage que la société générale avait innoculé au pays en 1837 et 1838, ne représentent plus aujourd'hui la valeur que leur assigne cette société. Voilà la véritable cause de leur dépréciation, que la société générale ne peut imputer qu'à elle-même; mais la loi du 22 mai 1848 n'y est pour rien et toutes les récriminations contre cette loi sont déplacées et sans aucun fondement.

S'il y avait un reproche à adresser au gouvernement ce serait bien plutôt celui d'avoir montré trop de faiblesse et trop de complaisance envers la société générale en n'exigeant pas, chaque année, la publication de son bilan, et en ne nommant pas depuis dix ans des commissaires sérieux, chargés de surveiller ses opérations; car la société générale est une société anonyme qui n'offre que son capital pour garantie de ses engagements envers les tiers, et le gouvernement a non-seulement le droit, mais c'est même pour lui un devoir de veiller à ce que ce capital reste toujours intact et ne soit pas détourné de sa destination.

Or, quand il est certain que le capital de la société générale a disparu complètement, et qu'il n'est plus représenté que par des actions, d'une réalisation et d'une valeur plus que problématiques, il y a injustice et mauvaise foi à accuser le gouvernement d'avoir suspendu momentanément le paiement des intérêts; il faut au contraire le féliciter d'avoir eu le courage de proposer cette mesure à l'égard d'une société longtemps trop puissante, quoique cette mesure ne soit que l'accomplissement d'un devoir.

Après les récriminations ci-dessus dont nous venons de faire bonne justice, le compte-rendu examine succinctement la solvabilité des débiteurs sur nantissement qui se composent de particuliers et de plusieurs sociétés.

Il nous apprend que sur 74 comptes particuliers, 50 s'élevant ensemble à fr. 10,096,721 offrent un excédant de fr. 1,859,570 et que 24 autres montant à francs 4,378,589 donneraient un déficit de fr. 475,939, si le gage seul répondait de la dette.

Pour apprécier l'exactitude de ces évaluations, il faudrait avoir sous les yeux, ainsi que nous l'avons fait remarquer ci-dessus, le détail de chaque compte, indiquant d'une part les sommes prêtées et les intérêts dûs; de l'autre le nombre et la nature des actions données en nantissement; alors, il serait possible de contrôler les évaluations faites par la société générale, et de savoir au juste, si ces prêts sont plus ou moins garantis par le gage; mais comme nous l'avons déjà dit, ces documents manquent complètement à l'égard des débiteurs, autres que les sociétés nationale et de commerce; et dans cette position nous nous bornerons à faire une seule observation, c'est que si pour évaluer les différentes actions données en gage, la société générale a adopté la même base que pour celles qu'elle possède et qui figurent à son bilan, il faut s'attendre à un déficit énorme, au lieu d'avoir un excédant sur le chiffre de ces prêts.

Le compte-rendu nous apprend encore que la société nationale figure dans les prêts pour.............................. fr. 10,278,799

Et la société de commerce pour.................... 15,860,767

Soit.... 26,139,566

Mais l'administration de la société générale se garde bien de s'expliquer sur la valeur du gage qui garantit cette créance? Pour éluder toute discussion compromettante à cet égard, elle a recours à un argument que nous traiterions volontiers de bouffon, s'il ne s'agissait d'intérêts trop sérieux pour nous permettre une pareille expression. Voici cet argument, le plus bizarre qu'on ait jamais vu : « Il serait inutile, dit le compte-rendu, de « s'arrêter aux prêts faits aux sociétés nationale et de « commerce. Ces établissements ont été créés sous le « patronage de la société générale; leur avoir entier ré- « pond de la dette. »

Nous comprendrions un pareil langage, si la société nationale et la société de commerce étaient dans une position brillante qui ne permit par le moindre soupçon; mais si comme il n'est que trop vrai, l'avoir de ces sociétés ne suffit pas pour répondre de la dette, qui comblera le déficit? Comme on le voit les actionnaires ont donc un véritable intérêt à discuter la valeur du gage, pour savoir jusqu'à quel point leur créance est garantie par ce gage; et cette question aurait du être traitée plus sérieusement par les auteurs du compte-rendu.

Nous ne pouvons donc comprendre la légéreté de l'administration à propos d'une question si grave ; ou plutôt nous ne comprenons que trop bien les motifs qui l'ont portée à glisser sur cette question ; c'est que l'administration a présenté, dans son bilan, le chiffre des prêts comme valeur réelle, effective et liquide, représentant une somme égale en espèces, et la moindre discussion eut été un démenti formel à de pareilles allégations, en démontrant mathématiquement que les prêts faits aux sociétés nationale et de commerce laisseraient un déficit de plus de 60 °⌀.

Il est bien déplorable, sans doute, pour les actionnaires, d'être exposés à tout perdre, par suite des fautes de leurs mandataires; mais, ce qui est plus déplorable encore, c'est de leur cacher la vérité ; et puisque le mal existe pour ainsi dire sans remède, il eut été plus digne, de la part des administrateurs, de l'avouer franchement que de chercher à tromper plus long-temps les actionnaires.

3° Actions industrielles personnelles fr. 22,994,305

Nous avons déjà vu que les statuts de la société générale lui interdisaient de s'immiscer dans aucune opération industrielle ; d'où la conséquence que l'acquisition d'actions de cette nature est une violation flagrante de ses statuts.

Toutefois, pour essayer de justifier sa conduite sur ce point, et donner le change à l'opinion, la société générale fait sonner bien haut qu'en consacrant des capitaux considérables au développement de l'industrie, elle a ouvert de nouvelles et fécondes sources de travail ; et, se plaçant au point de vue des intérêts du pays, elle en conclut qu'elle est en droit de revendiquer, comme service rendu aux classes laborieuses, une part dans le développement de nos principales industries.

Pour quiconque est étranger aux statuts et aux opérations de la société générale, un pareil langage a quelque chose de spécieux qui séduit d'abord, et prévient en sa faveur ; mais pour celui qui a vu de près les hommes et les choses de la société générale, il n'est qu'un mirage trompeur destiné à éblouir le public, en invoquant une sympathie factice pour les ouvriers, tandis qu'en réalité, la conduite de la société générale n'a eu d'autre mobile que son intérêt particulier et l'espoir du lucre que ses administrateurs espéraient retirer de l'agiotage.

Les administrateurs de la société générale, avoir de la sympathie pour les ouvriers! Allons donc! est-ce que les loups-cerviers de la bourse pensent aux ouvriers et aux classes nécessiteuses? Hélas! non. Ils n'ont d'autre culte que celui du veau d'or.....

Quoiqu'il en soit, prouvons encore que cet argument de la société générale n'a rien de sérieux, et que cette société pouvait rendre de plus grands services à l'industrie sans violer ses statuts et sans compromettre les capitaux de ses actionnaires.

Cette société, instituée, ainsi que l'indique son nom pour favoriser l'industrie nationale, ne pouvait faire par elle-même aucun commerce, si ce n'est celui des matières d'or ou d'argent; ses opérations tracées et définies par les statuts consistaient en affaires de banque de toute nature; elle pouvait, notamment aux termes de l'art. 22, n° 7, venir au secours de l'industrie, en lui prêtant: 1° sur des effets publics; 2° sur des effets particuliers; 3° sur des marchandises; 4° enfin sur propriétés foncières qui lui seraient données en gage ou en hypothèque.

Pour rester fidèle à son origine et aux conditions de son existence, elle devait se renfermer dans ce cercle d'opérations tracé par ses statuts et qui lui indiquait la marche à suivre pour venir en aide à l'industrie.

De son côté, en opérant avec intelligence et loyauté, et en se soumettant aux conditions des statuts, l'industriel sérieux était certain de trouver, dans la caisse de la société générale, les ressources dont il avait besoin pour donner à son industrie le développement dont elle était susceptible; il lui suffisait de couvrir la société, suivant sa convenance, soit par de bonnes valeurs de commerce, soit par un nantissement, soit par une inscription hypothécaire offrant toute garantie, ce qui était de toute justice.

Par ce moyen, la société générale conciliait tous les intérêts.

D'abord, toutes les industries du pays, dans les limites que comportait leur nature, se seraient développées à la faveur des capitaux qu'elle leur aurait prêtés.

Ensuite elle aurait rempli le but de son institution en contribuant au progrès et au développement de l'industrie nationale.

Enfin, elle aurait eu l'avantage immense de, ne pas violer ses statuts comme elle l'a fait, et de conserver les capitaux des actionnaires qui sont aujourd'hui perdus sans ressource.

Voilà quels eussent été les résultats, si les administrateurs de la société générale avaient exécuté fidèlement leur mandat.

Sans doute, nous n'aurions pas vu de ces développements gigantesques qui sont plutôt nuisibles qu'utiles à l'ouvrier, puisque les établissements, hors de proportion avec les besoins, chôment les trois quarts du temps, après avoir englouti des capitaux immenses qui deviennent improductifs, tandis que, tout près de là, d'autres établissements languissent faute de capitaux pour se développer dans une juste mesure.

Mais nous aurions vu des développements plus sérieux, mieux combinés et en harmonie avec les conditions de travail et de production, dans lesquelles se trouvent les établissements; en harmonie surtout avec les débouchés probables, et par conséquent offrant un travail plus continu et plus assuré à la population ouvrière; position préférable, selon nous, à ces oscillations qui, tout-à-coup, impriment une activité fiévreuse aux travaux, et renvoyent brusquement, le lendemain, l'ouvrier sans travail et sans pain.

Ainsi, au point de vue des intérêts du pays, il n'est pas vrai que les fonds consacrés par la société générale à l'acquisition d'actions industrielles aient été un service rendu à la classe ouvrière, et aient ouvert de nouvelles sources de travail qui auraient manqué sans son intervention, comme fondatrice ou comme actionnaire; nous avons démontré, au contraire, que si la société générale s'était bornée à prêter ses capitaux, les industriels dont la fortune et l'honneur personnels étaient en jeu, les auraient employés avec beaucoup plus d'intelligence, et par suite auraient rendu de plus grands services aux ouvriers. Nous indiquerons, dans un instant, les motifs qui ont décidé la société générale à préférer l'intervention directe dans l'industrie; continuons à suivre son raisonnement:

La société générale a grand soin d'examiner la question au point de vue du travail donné aux ouvriers, ce qui est pour elle le plus beau côté de la médaille; car il a, comme nous l'avons déjà dit, quelque chose de spécieux; mais il y a un autre intérêt qui doit l'emporter sur tous les autres, et que l'administration n'aurait jamais dû perdre de vue: c'est l'intérêt des actionnaires qui lui ont confié leurs fonds et dont les administrateurs étaient les mandataires responsables. Voilà l'intérêt qu'il fallait respecter avant tout, parce que les actionnaires sont les premiers intéressés dans la question.

Au point de vue de l'intérêt des actionnaires, que dit le compte-rendu? C'est toujours le même argument; toujours le même système d'illusions, de mensonges et de déceptions.

En effet, pour rassurer ses actionnaires sur cette partie de l'actif social et rendre plus évidente la situation favorable de la société générale, l'administration prétend avoir évalué toutes les actions au-dessous de leur valeur intrinsèque, afin de prévenir tout mécompte et toute discussion, et pour prouver ce qu'elle avance, elle cite les évaluations suivantes de son bilan:

Les actions des Produits estimées fr. 1,200
Celles du levant du Flénu, 1,200
Celles du chemin de fer du Flénu, 1,200
Celles du couchant dn Flénu, 1,100
Celles d'Hornu et Wasmes, 1,000
Celles du bois de Boussu, 1,000

Elle va plus loin, et pour mieux prouver que ces actions ont réellement la valeur qu'elle leur assigne, elle invoque les intérêts qu'elles ont produits pendant une certaine période, et elle nous apprend notamment:

1o Que le couchant du Flénu a rapporté 10 p. 0_{10} et 1847, et 5 p. 0_{10} en 1848.

2o Que le bois de Boussu a rapporté, de 1844 à 1848, une moyenne de 6 17_{100} 0_{10}.

Examinons encore le mérite de pareils arguments:

Nous avons déjà fait remarquer dans l'examen du bilan, objet de notre premier article, que la valeur de toutes les actions ci-dessus avait été enflée outre mesure pour faire croire à un actif plus considérable qui

permit de balancer les colonnes de l'actif et du passif,
nous renvoyons à ce que nous avons dit à cet égard :

Quant à l'argument que l'administration prétend tirer
du chiffre des intérêts pour justifier la valeur de ses actions, il aurait sans doute quelque valeur, si ces intérêts étaient sérieux, s'ils résultaient de bilans consciencieux, et s'ils représentaient des bénéfices réels et certains; mais dans l'espèce nous ne pouvons l'admettre,
et nous saisissons l'occasion qui se présente, pour dire à
la société générale que les bilans qu'elle invoque et qui
ont produit les prétendus intérêts qu'elle annonce, ne
méritent aucune confiance, ainsi que nous allons le démontrer toujours le bilan de la société générale à la
main.

A notre sens, et suivant l'opinion de tous les auteurs
qui ont écrit sur la matière, il ne peut y avoir de bénéfices à partager entre les actionnaires, qu'autant que
toutes dettes payées, l'actif présente un chiffre supé-
rieur au fonds social. Dans ce cas, l'excédant est réputé
bénéfice et peut être partagé, nous le reconnaissons ;
mais quand le capital n'est plus entier, quand l'établissement a des dettes considérables, on ne peut pas, sans
violer la loi, distribuer la moindre somme soit à titre
d'intérêts, soit à titre de dividende, surtout dans les sociétés anonymes où le capital est la seule garantie des
créanciers. Les bénéfices, s'il y en a, doivent avant
tout, être employés à éteindre la dette et à reconstituer
le capital ; ce n'est qu'après la reconstitution intégrale
du capital que des bénéfices peuvent être distribués, et
jusques-là, toute distribution est un vol fait au capital.
Tels sont les principes indiqués par la loi et par la probité.

Or nous voyons dans le bilan de la société générale
que la société du couchant du Flénu lui doit f. 893,250
et la société du bois de Boussu......... f. 878,000
sans compter ce que ces sociétés peuvent devoir à d'autres créanciers.

Donc ces sociétés n'ont pu dans l'état actuel distribuer légalement, ni intérêts, ni dividende, avant d'a-
voir rétabli leur capital, et toutes les sommes qu'elles ont
distribuées ayant été prises sur le capital, ne représentent pas un bénéfice sérieux, loyal et légitime....

3

Donc leurs bilans sont faux et mensongers, et les arguments que la société générale veut en tirer sont sans le moindre fondement.

Veut-on savoir maintenant pourquoi il en est ainsi dans les sociétés sous le patronage de la société générale? en voici la raison : Les administrateurs de cette société se sont nommés eux-mêmes administrateurs de toutes les sociétés placées sous leur patronage direct ou indirect, et, par un monstrueux abus d'autorité, ils ont inséré dans tous les statuts deux articles stéréotypés : l'un qui leur réserve le droit de faire eux-mêmes le bilan : l'autre qui leur alloue 20 % sur tous les bénéfices.

L'on conçoit dès lors que les inventaires présentent presque toujours des bénéfices vrais ou supposés, afin que les administrateurs puissent prélever leur 20 %, et le plus souvent ces 20 % sont pris sur le capital.

C'est ainsi que des hommes, d'une incapacité notoire et proverbiale, se sont fait depuis douze ans des revenus considérables, au détriment de l'industrie sérieuse et loyale, sans avoir eux-mêmes *d'autre industrie* que celle d'administrateur ou commissaire de toutes les sociétés.

Ce serait un travail curieux que de faire le relevé des sommes que ces messieurs ont touchées depuis 12 ans, *avec la seule industrie d'administrateurs ;* et de vérifier surtout si les bilans présentaient des bénéfices sérieux, chaque fois que les administrateurs ont prélevé leurs 20 %. Peut-être trouverait-on, dans cette vérification, l'explication de la ruine d'une foule de sociétés, et peut-être y trouverait-on des motifs de réclamations contre les administrateurs, réclamations dont le succès amènerait des restitutions qui viendraient adoucir la position des actionnaires, si toutefois ces administrateurs sont encore solvables,

Quoi qu'il en soit, nous ne craignons pas de le proclamer : nous croyons fermement que c'est l'appât de ces 20 %, ainsi que la perspective de la spéculation des actions sur une plus grande échelle, qui ont décidé les administrateurs de la société générale, à faire directement des opérations industrielles, au mépris du pacte social, mais que ce n'est nullement comme le prétend le compte-rendu, l'intérêt que la société générale portait à la population ouvrière ; car encore une fois les loups cerviers de la bourse n'ont pas d'entrailles pour les malheureux.

4° Comptes courants f.   41,512,020

Le compte-rendu passé avec la rapidité de l'éclair sur cette partie importante de l'actif. Il se borne à dire que les sociétés nationale et de commerce qui sont débitrices de plus de la moitié de ces sommes n'ont été que les intermédiaires de la société générale, pour les avances à l'industrie, et que, selon que les circonstances le permettront, la direction s'attachera à faire rentrer successivement ces avances.

Nous assayerons de suppléer à l'insuffisance de ces renseignements afin de faire connaître exactement ce que les actionnaires peuvent avoir l'espoir de récupérer de ces f. 41,512,020.

Dans ce chiffre, ainsi que nous l'avons vu en discutant le bilan, les sociétés nationale et de commerce figurent pour environ f. 21,000,000 et la mutualité pour environ f. **19,000,000**.

La société générale étant créancière des sociétés nationale et de commerce *par compte courant à découvert* et tout l'actif de ces sociétés ne suffisant pas pour payer ce qu'elles doivent du chef des prêts sur nantissement, il en résulte qu'il n'y a pas un sou à récupérer de ces créances et que ces f. **21,000,000** sont entièrement perdus.

Quant à la société de mutualité, le compte-rendu ne nous en dit pas un mot ; mais nous avons déjà vu qu'en appréciant favorablement sa position, l'actif de cette société ne pouvait être évalué au-delà de **40** °|₀ de son capital, et que par conséquent la société générale devait encore s'attendre de ce chef à un déficit de onze à douze millions, ce qui en définitive la constiuera en perte de f. **32** à **33,000,000** sur les f. **40,000,000** qui lui sont dus en compte courant par les trois sociétés fondées sous son patronage, les sociétés nationale, de commerce et de mutualité.

Cependant l'administration ne parait pas le moins du monde s'apercevoir de ces tristes résultats, et promet de faire rentrer successivement ces avances.

Cette promesse est une véritable gasconnade; mais si elle était sincère elle prouverait encore que l'administration ne connaît pas même sa position; que par conséquent, elle est en dessous de sa mission et ne mérite aucune confiance. Du reste elle n'a pas de temps à perdre pour tenir cette promesse, car le terme de la société générale expire le 31 décembre 1849, et pour cette époque, elle devrait avoir opéré toutes ses rentrées, pour procéder régulièrement à sa liquidation.

Ici se bornent les observations du compte-rendu en ce qui concerne l'actif de la société générale; l'administration ne nous dit pas un mot des débiteurs divers dont le chiffre s'élève à f. 15,582,468. Cette somme était cependant assez importante, pour que l'administration prît la peine d'expliquer de quels éléments elle se compose...

En l'absence de tout détail, nous ne pouvons donc apprécier le degré de solvabilité de ces débiteurs divers ni indiquer le montant des rentrées que la société peut en espérer.

Quant au passif, nous avons peu de choses à dire. Nous passerons sous silence le mode employé pour régulariser le bilan, en faisant disparaître de l'actif et du passif le capital des actions rachetées. Nous relèverons seulement une observation déplacée relativement à la loi du 22 mai 1848, qui interdit de distribuer aux actionnaires aucun intérêt ou dividende, jusqu'à ce que l'émission des billets autorisée pour le service de la caisse d'épargne soit amortie.

« La privation d'intérêts, dit l'administration de la
« société générale, à l'égard des actionnaires d'une so-
« ciété qui possède un capital de réserve considérable,
« présente un caractère d'excessive rigueur.

« Cette disposition paralyse le crédit, seul moyen
« efficace d'amélioration; empêche de reconstituer en
« partie le capital racheté; entrave la liquidation des
« prêts sur effets publics et déprécie le gage de cette
« importante créance de la société. »

Les récriminations de la société générale contre la loi du 22 mai 1848 n'ont pas le moindre fondement, ainsi que nous l'avons déjà dit plus haut. Il nous suffira pour le prouver de rappeler succinctement les principes qui régissent la matière et de les rapprocher du bilan expliqué et analysé dans notre premier article.

Répétons donc, puisqu'on nous y force, que dans une société anonyme, le capital social est la seule garantie des personnes qui traitent avec la société ; que par conséquent le capital ne peut être détourné de sa destination et doit toujours rester intact pour faire face aux engagements de la société.

Disons encore que le gouvernement qui accorde l'autorisation d'une société anonyme ne l'accorde qu'à la condition que l'administration de cette société exécutera religieusement ses statuts ; et que dans l'intérêt des créanciers en particulier, comme dans un intérêt général, le gouvernement doit non-seulement surveiller les opérations de la société, mais qu'il est même de son devoir de retirer l'autorisation, si les garanties offertes au public viennent à manquer.

Dans l'espèce, la garantie offerte au public par la société générale doit être un capital de fr. 63,000,000 espèces. Si donc ce capital est intact, quand même la société générale n'aurait pas de fonds de réserve, et quoique l'Etat ait le droit de stipuler ses conditions, quand on demande sa garantie, nous reconnaîtrons avec la société générale que la loi du 22 mai 1848 est rigoureuse.

Mais si le capital loin d'être intact a disparu complètement ; ou si contrairement aux statuts il a été détourné de sa destination ; s'il n'est plus représenté que par des valeurs illusoires et d'une réalisation impossible ; enfin si le prétendu fonds de réserve considérable, de même que le capital social n'existent plus que sur le papier ou dans l'imagination des administrateurs, il faudra bien reconnaître que loin de déployer une excessive rigueur, le gouvernement n'a fait qu'accomplir un devoir et se conformer à la loi.

Or, il résulte du bilan présenté par la société générale elle-même que tout le capital et la prétendue réserve n'existent plus en espèces ; qu'ils sont représentés par des actions industrielles n'offrant que peu ou point de valeurs réalisables, et n'ayant surtout rien de liquide ni de disponible.

Nous avons démontré de plus que tous les éléments de l'actif étaient exagérés ou fictifs; que le capital n'existait plus que de nom et que la liquidation permettrait à peine de payer les créanciers; d'où la conséquence irréfragable que la société générale ne peut plus offrir son capital espèces pour garantie de ses engagemens et que, dans l'état précaire où se trouve aujourd'hui la société générale, toute somme distribuée aux actionnaires diminuerait d'autant la garantie des créanciers dont les intérês ne sont déjà que trop compromis.

Donc le gouvernement a agi sagement, en interdisant momentanément toute distribution d'intérêts ou de dividendes, et l'on ne peut que regretter qu'il n'ait pas pris plutôt cette mesure qui aurait prévenu bien des malheurs.

Cependant les avis ne lui ont pas manqué à cet égard, car, dans une brochure que nous lui avons remise en 1842, après avoir signalé les dangers que courraient les déposans à la caisse d'épargne et après avoir appelé toute son attention sur les opérations de la société générale, nous finissions par la conclusion suivante qui ressemble à une prophétie :

« En pareille circonstance, nous croyons que le gou-
« vernement, de concert avec une commission d'action-
« naires capables, devrait se hâter de s'enquérir très sé-
« rieusement du véritable état des choses. L'on sent
« qu'il ne peut être ici question d'un examen superfi-
« ciel et par conséquent illusoire. Ce que nous croyons
« indispensable, c'est d'abord la vérification conscien-
« sieuse et sévère de toutes les valeurs composant le
« portefeuille, afin de constater leur plus ou moins de
« réalité matérielle et la garantie réalisable qu'elles
« présentent ; puis celles des estimations ou évalua-
« tions données aux divers éléments du bilan soit dans
« l'actif soit dans le passif.

« Nous voudrions ensuite que la commission portât
« ses investigations sur les débiteurs par compte cou-
« rant parmi lesquels figurent sans doute pour des
« sommes considérables, les sociétés nationale, de
« commerce et de mutualité, afin de s'assurer si, pour
« les avances faites à tous ces débiteurs, la société gé-
« nérale s'est conformée aux prescriptions des art. 22

« et 25 de ses statuts qui défendent de faire aucune
« avance sans sûreté suffisante ; en un mot si ses inté-
« rêts sont sérieusement garantis ;

« Ce n'est qu'après cette opération et après avoir
« exigé communication de toutes les pièces à l'appui
« du bilan, lequel devrait être rendu public, que le
« gouvernement sera en position de calmer s'il y a lieu
« les inquiétudes qui commencent à poindre dans le
« pays, sauf à prendre le cas échéant les mesures que
« lui suggérera sa sagesse pour éviter une catastrophe
« de la nature de celle qui suivit la dépréciation des
« assignats en France et engloutit des milliers de for-
« tunes. »

Ainsi, pour justifier son inaction, le gouvernement ne
peut prétendre avoir ignoré le mauvais état des affaires
de la société générale ; il a été averti en temps et bien
dûment mis en demeure.

Si donc il a laissé sciemment consommer la ruine des
actionnaires, il est coupable.

Si, ce qui est plus probable, son action a été paraly-
sée par une haute puissance qui prenait part au gateau
de la société générale, il est encore coupable ; et dans
l'une comme dans l'autre de ces hypothèses, il doit supporter sa part de responsabilité envers les actionnaires.

En présence de l'examen raisonné et consciencieux
auquel nous venons de nous livrer, tant dans cet article
que dans le précédent ; examen duquel il nous paraît
résulter jusqu'à la dernière évidence que la position de la
société générale est tellement précaire et désespérée,
qu'il ne lui reste d'autre parti à prendre que de liquider
immédiatement, que dire des deux paragraphes suivants
qui terminent le compte-rendu par l'administration de la
société générale et qui contrastent si diamètralement
avec la vérité ?

« Nous espérons, dit l'administration de la société
« générale, que cet aperçu des ressources de la société,
« tout incomplet qu'il soit, vous aura démontré la réalité
« de l'actif considérable qu'elle possède, la sincérité
« des évaluations, en un mot la force et la vitalité de
« de notre institution. Sans doute tous nos efforts doi-
« vent tendre à rendre une plus grande partie de cet

« actif liquide et d'une réalisation facile... Nous som-
« mes pénétrés sous ce rapport de l'importance de nos
« devoirs envers les actionnaires et envers le pays. »

« En résumé, sans nous arrêter à des détails qui ne
« peuvent exercer d'influence sur les résultats constatés
« par le bilan, l'actif étant évalué au-dessous de sa va-
« leur intrinsèque, et le passif étant au contraire ac-
« cepté dans toute sa rigueur, les 31,050 actions non
« disponibles possédaient au premier janvier 1849 un
« avoir de fr. 63,111,701. » (soit fr. 2,032 par ac-
« tion).

S'il est vrai, comme le dit l'administration, qu'elle soit
maintenant pénétrée de l'importance de ses devoirs
envers les actionnaires et le pays, nous l'en félicitons
sincèrement, et nous en félicitons plus encore ses actionnaires ; seulement il eut été désirable qu'elle se pé-
nétrât plus tôt de ces mêmes devoirs, car en les remplis-
sant avec exactitude, elle aurait pu éviter la ruine de ses
actionnaires.

Quant à ses allégations débitées avec un aplomb im-
perturbable sur la réalité de l'actif considérable de la
société ; sur la sincérité des évaluations ; sur la force et
sur la vitalité de l'institution ; ainsi que sur la valeur des
actions qu'elle porte à plus de fr. 2000 chacune, nous
ne voulons pas les caractériser ; nous y voyons ou l'i-
gnorance la plus complète de la véritable position de la
société générale, ou quelque chose qui frise la police
correctionnelle, et nous aimons mieux nous abstenir, laissant à nos lecteurs et aux actionnaires le soin de choisir
entre ces deux hypothèses.

TROISIÈME ARTICLE.

Examen des opérations de la société générale au point de vue de ses statuts, et conséquences de la position actuelle.

Nous avons vu dans les deux articles précédents, qu'aux différents points de vue de ses actionnaires et de l'industrie, la gestion de la société générale avait été tout à fait inintelligente et désastreuse.

Nous traiterons maintenant la question au point de vue des statuts de cette société, en traçant l'historique des nombreuses violations commises par l'administration depuis la nomination de M. Ferdinand Meeus, au poste éminent de gouverneur ; et afin de faire mieux ressortir ces infractions au pacte social, nous commencerons par transcrire ici les articles des statuts relatifs aux opérations de la société générale.

Voici comment s'exprime le chapitre 5 des statuts intitulé : *Des opérations de la société :*

« Art. 21. La société dont le but est de contribuer
« au progrès, au développement et à la prospérité de
« l'agriculture, des fabriques et du commerce, ne
« pourra cependant, dans aucun cas, ni sous aucun pré-

« texte, faire ni entreprendre d'autres opérations que
« celles permises par les lois et les statuts.

« Elle ne pourra faire aucun commerce, si ce n'est
« celui des matières d'or ou d'argent.

« Art. 22. Ses opérations consisteront :

« 1° A escompter à toutes personnes, des lettres de
« change et autres effets de commerce à ordre, à des
« échéances déterminées. La société refusera néan-
« moins d'escompter les effets dits de circulation
« créés collusoirement entre des signataires, sans cause
« ni valeur réelle.

« 2° A se charger pour le compte des particuliers et
« des établissements publics des recouvrements des ef-
« fets qui lui seront remis.

« 3° A recevoir en compte courant les sommes qui
« lui seront versées, soit par des particuliers, soit par des
« établissements publics et à payer les dispositions qui
« seront faites sur elle, ainsi que les engagements pris
« à son domicile, jusqu'à concurrence des sommes en-
« caissées.

« 4° A tenir un compte de dépôts volontaires pour
« tous titres, lingots et monnaies d'or ou d'argent de
« toute espèce, moyennant la perception d'un droit sur
« la valeur estimative du dépôt.

« 5° A faire des avances sur les effets soit publics
« soit particuliers qui lui seront remis en recouvre-
« ment, lorsque leurs échéances seront déterminées.

« 6° A faire également des avances sur les dépôts
« qui lui seront faits, des lingots ou monnaies d'or ou
« d'argent.

5° A prêter sur des effets publics, sur des effets contre
« des particuliers, sur des marchandises et sur des pro-
« priétés foncières qui lui seront données en gage ou en
« hypothèque.

« 8. A émettre des certificats pour toutes les ins-
« criptions sur le grand livre de la dette active qui de-
« viendraient la propriété de la société.

« 9° A émettre des engagements portant intérêt à
« courte ou à longue échéance, selon le choix de ceux

« qui désireront placer leurs fonds de cette manière
« dans l'établissement.

« Art. 25. La société ne pourra jamais se constituer en
« avances, ni envers le gouvernement, ni envers les
« particuliers sans sûreté suffisante.

Enfin l'article 45 stipute formellement que les administrateurs sont personnellement responsables de l'exé-
tion du mandat qu'ils auront reçu de la société.

Ainsi que le prouve la lecture des articles ci-dessus,
les opérations de la société sont nombreuses ; mais elles
sont toutes de banque et de finances.

La société ne fera aucun commerce par elle-même
mais elle aidera les commerçants de ses capitaux, en
leur facilitant l'escompte, ou en leur fesant des avances
avec garantie.

La société ne se livrera à aucun genre de fabrication,
ni à aucune profession industrielle, mais elle protégera
les fabricants et les industriels de toute espèce, en contribuant, de tous ses moyens, aux progrès, au développement et à la prospérité de leur industrie.

En un mot, la société générale n'est point instituée
pour faire une concurrence ruineuse aux industries du
pays ; son but au contraire, ainsi que l'annonce son titre, est exclusivement de favoriser l'industrie nationale,
au moyen de ses capitaux.

Telle est la haute mission assignée à la société générale.

Cependant à peine la nouvelle administration présidée par M. le gouverneur Ferdinand Meeus fût-elle ins-
tallée, qu'elle se sentit à l'étroit dans ce cercle d'opérations tracé par les statuts ; les affaires de banque si
considérables et si lucratives qu'elles fussent dans un
pays aussi riche et aussi industriel que la Belgique, ne
suffisaient plus à son ambition. M. le gouverneur dont
l'imagination vaste et ardente avait devancé les idées de
son époque, apportait avec lui un système nouveau, qui
consistait à tout mobiliser, jusqu'au sol, et à appeler le
pauvre comme le riche à prendre part, chacun, selon
ses moyens à cette transformation de la propriété, sys-
tême, séduisant peut-être au premier aspect, mais

éminemment dangereux et immoral à plus d'un titre ;
notamment en ce qu'il avait pour résultat, d'innoculer
la fièvre de l'agiotage à toutes les classes de la société ;
d'engager l'artisan comme le petit commerçant à déser-
ter tout travail et tout commerce régulier, pour se lan-
cer dans les hasards de la spéculation ; et d'indiquer à
tout le monde le chemin glissant et immonde de la
bourse, comme celui qui pût mener plut vite et plus sû-
rement à la fortune.

L'ascendant que M. le gouverneur exerçait sur ses co-
administrateurs, qui n'avaient d'autre rôle que de con-
tresigner ses décisions, et de s'incliner devant sa vo-
lonté ; ainsi que sur le gouvernement lui-même, par
l'intermédiaire de fonctionnaires haut placés qu'il avait
eu la sage précaution d'attacher à son char par les liens
de l'intérêt, lui permit de développer son système sans
aucun obstacle ; et les établissements industriels se prêtant mieux par leur nature que toute autre propriété, à
la division du fonds social en actions, fixèrent d'abord
son attention.

Loin de nous toute idée d'attaquer ici le principe de
l'association en général ou appliquée à l'industrie ; personne n'est plus partisan que nous de ce principe appli-
qué avec discernement et dans une juste mesure. Ce
principe n'est donc pas en question, il ne s'agit pour le
moment que des opérations de la société générale au
point de vue de ses statuts.

Toutefois, ses statuts interdisant formellement toute
opération industrielle, la difficulté fut tournée et l'on
créa en 1835 la société nationale et la société de commerce avec les fonds de la société générale, ce qui
constitue, de la part des administrateurs de cette société, une première violation du pacte social, par la
raison péremptoire que ce qu'ils ne pouvaient faire directement d'après les statuts, ils ne pouvaient pas non plus
le faire au nom d'autrui ; une fraude n'en excuse pas une
autre.

Bientôt, en travaillant avec les fonds de la société
générale, dont elles n'étaient que les intermédiaires,
ainsi que le reconnaît l'administration dans son compte-
rendu, les deux sociétés nationale et de commerce

eurent transformé un grand nombre d'établissements industriels en sociétés anonymes au capital de plus de cent millions, représentés par des actions.

Elles marchèrent d'autant plus hardiment dans cette voie qu'elles n'avaient qu'à puiser dans les coffres de la société générale, et qu'elles réalisaient des bénéfices considérables par le prélèvement d'une commission de 10 % sur le capital de chaque société qu'elles formaient.

Toutefois, ce n'était point assez d'avoir échangé les capitaux de la société générale contre des actions industrielles, il fallait encore placer ces actions pour réaliser les bénéfices qu'on s'était promis, et dans ce but on eut recours à la Bourse.

Les premières émissions furent accueillies avec faveur; mais, malheureusement, l'exemple donné par la société générale avait été suivi par d'autres sociétés financières qui avaient aussi créé de nombreuses sociétés par actions; et quelle que fut la fièvre d'agiotage que la société générale avait allumée dans tous les esprits par ses annonces pompeuses de souscriptions fantastiques et simulées, qui se disputaient la quotité d'actions qu'elle abandonnait au public à la formation de chaque société, annonces qui n'avaient d'autre but que de faire mousser la marchandise qu'on présentait le lendemain à la Bourse, la masse d'actions jetées sur marché devint bientôt tellement considérable qu'elles furent hors de proportion avec les ressources des spéculateurs, et que les actions menacèrent d'être délaissées.

La position était critique; car ce n'était pas chose facile que de maintenir la faveur de ces actions et d'entretenir les cours élevés de la Bourse; mais le génie créateur et inventif de M. le gouverneur ne pouvait être arrêté par une si mince difficulté; après avoir créé outre mesure des éléments d'agiotage, il fallait, pour être conséquent et logique, créer aussi de nouveaux agioteurs, sous peine de voir déprécier immédiatement le cours des actions; M. le gouverneur résolut le problème au moyen d'une nouvelle violation des statuts, et fonda, toujours avec les millions de la société générale, la fameuse société de mutualité industrielle qu'il dota du capital énorme de fr. 50,000,000 que le gouvernement eut le bon esprit de faire réduire de moitié.

Cette société dont la formation est, comme nous le disons, une nouvelle et flagrante violation des statuts de la société générale, avait pour mission d'acheter des actions de toutes les sociétés créées sous le patronage de cette dernière société, et formait une espèce de compagnie d'assurance pour maintenir le cours de ces actions.

Elle se mit donc à l'œuvre, et au moyen des capitaux considérables qu'elle employa en acquisition d'actions, elle parvint, du moins en apparence, à relever quelque temps les cours ; mais ces cours n'étaient que factices, car la société de mutualité n'était pas un acquéreur sérieux vis-à-vis des tiers ; elle n'était qu'un ressort que la société générale faisait mouvoir ; et, en définitive, la société nationale, la société de commerce ainsi que la société de mutualité, fondées toutes trois avec les capitaux de la société générale, ne faisaient qu'un seul et même faisceau avec la société générale elle-même, à laquelle elles aboutissaient toutes, et qui, malgré leurs raisons de commerce différentes, leur donnait l'impulsion et ne faisait qu'emprunter leurs noms pour se livrer à des opérations qui lui étaient défendues par ses statuts.

Cependant, malgré toutes ces combinaisons, malgré toutes les manœuvres de bourse qui mériteraient peut-être un chapitre particulier ; malgré enfin le secours mutuel que se prêtaient toutes ces sociétés en s'intéressant réciproquement les unes aux autres pour des sommes considérables, les prévisions de M. le gouverneur ne répondaient que très médiocrement à son attente ; d'un côté, le public, revenu d'un premier moment d'entraînement, commençait à se rendre compte ; il s'occupait de l'avenir réservé à ces nombreuses sociétés qui allaient se détruire les unes les autres par une concurrence effrayante, et discutait la valeur intrinsèque des actions qui lui étaient offertes ; d'un autre côté, les résultats produits par ces sociétés étaient loin de justifier les prévisions et les promesses fallacieuses de leurs fondateurs ; la vérité commençait à se faire jour ; en un mot, il devenait impossible d'attirer plus longtemps les capitaux sérieux. Par suite les actions restaient aux mains des détenteurs, parmi lesquels figuraient les sociétés nationale, de commerce et de mutualité qui en étaient encombrées.

Un pareil état de choses était désastreux, il fallait en sortir à tout prix par tous les moyens ; et, pour essayer de ranimer la confiance, de rallumer la foi éteinte et de raviver l'agiotage, la société générale ne trouva rien de mieux à faire que de prêcher d'exemple. En conséquence, pour faire croire qu'elle avait une confiance entière dans les actions des sociétés fondées sous son patronage, elle eut recours à un remède héroïque et décida qu'elle prêterait aux porteurs d'actions jusqu'à concurrence du taux d'émission de ces actions, moyennant leur dépôt dans ses bureaux.

Cette décision fut accueillie avec transport par tous les spéculateurs qui ne savaient que faire de leurs actions ; tout le monde profita de l'occasion pour se débarrasser et pour déposer ses actions contre avances de leur valeur nominale.

Mais ces dépôts, convenus d'abord en 1838 pour le terme de six mois, les déposants se gardèrent bien de les retirer ! Ils sont encore aujourd'hui entre les mains de la société générale et comprennent une masse d'actions des sociétés nationale, de commerce et de la mutualité ainsi que de la société générale elle-même.

Telle est la source des prêts sur nantissement que nous voyons figurer au bilan pour plus de fr. 50,000,000

Cette mesure financière est à nos yeux une nouvelle et flagrante violation des statuts, car il nous paraît évident que le fondateur de la société générale a voulu faire chose sérieuse.

En indiquant dans les statuts (art. 21) que son but était de contribuer aux progrès, au développement et à la prospérité de l'agriculture, des fabriques et du commerce, il n'a certainement pas voulu dire que la société aurait dans ses attributions de venir au secours de l'agiotage.

De plus, en l'autorisant à prêter sur effets publics (art. 22, n° 7), il est évident encore que son fondateur n'a entendu parler que des effets publics, créés soit par le gouvernement, soit par des sociétés régulières, en dehors de la société générale, qui se trouveraient entre les mains de tiers porteurs, et qu'il n'est jamais entré dans sa pensée, que cette société pourrait, contrairement à ses statuts, créer, avec ses propres fonds, des sociétés industrielles, pour ensuite prêter à ces mêmes sociétés, sur dépôt de leurs actions, ce qui reviendrait à dire que la société générale se prêterait à elle-même ses propres capitaux et ce qui serait tout bonnement une absurdité.

Non ! une pareille pensée n'a jamais pu venir à l'esprit du roi Guillaume, et, nous le répétons, les prêts sur nantissement, tels que les a faits la société générale, constituent une violation flagrante des statuts.

Cette violation est d'autant plus criante et d'autant plus coupable qu'elle s'est exercée principalement au profit des administrateurs de la société générale qui avaient prêté le serment de faire respecter le pacte social ; et aussi au profit de leurs adhérents, notamment la famille de M. Meurs, qui figure comme ayant puisé environ fr. 12,000,000 dans les coffres de la société générale.

En effet, s'il faut en croire quelques indiscrétions échappées aux bureaux, et insérées le 27 août 1848 dans un journal de Bruxelles, *sans aucune réclamation des partis intéressés,*

M. le gouverneur devait, à cette époque,	fr. 5,434,000
M. Pierre Meeus, son frère,	2,314,000
M. Meeus–Vandermaelen, son beau-frère,	2,932,000
M. Martini, autre beau-frère,	1,014,000
Total pour la famille Meurs,	fr. 11,694,000

Près de fr. 12,000,000 détournés de leur destination dans l'intérêt de M. le gouverneur et desa famille ! Quelle dilapidation et quel scandale ! Un pareil abus aurait-il pu avoir lieu, si le bilan avait été publié chaque année sous la surveillance de commissaires sérieux ?

Ne dirait-on pas que la société générale a été instituée tout exprès pour favoriser la famille Meeus, et non pour favoriser l'industrie nationale ?

Venaient ensuite, d'après le même journal, les administrateurs qui figuraient pour des sommes considérables, puis enfin leurs avocats.

M. Barbanson, pour   fr. 1,703,000
M. Picquet, de Mons, pour   212,000

Il est sans doute fort agréable pour tous ces débiteurs d'avoir palais à la ville et à la campagne; de mener un train de prince, de courir les plaisirs tant en Belgique qu'en France; mais ces Messieurs devraient au moins se donner ces fantaisies avec leur propre fortune et payer préalablement ce qu'ils doivent aux actionnaires de la société générale.

Nous ignorons comment ils s'y prendront pour se libérer; nous les attendons à l'œuvre quand viendra le quart-d'heure de Rabelais, et nous fesons des vœux pour qu'aucun de ces débiteurs n'aille chercher sa quittance à l'étranger, où plusieurs d'entr'eux se sont déjà, par excès de prudence, assuré un asyle.

Les nombreuses violations des statuts que nous venons d'indiquer ne sont pas les seules que nous ayons à signaler; nous en trouvons encore une bien grave dans le rachat de ses propres actions par la société générale.

En effet, ainsi que nous l'avons déjà fait remarquer, le capital des sociétés anonymes est la seule garantie des créanciers et ce capital doit toujours rester intact pour répondre de leurs engagements. Cependant, nous voyons que la société générale a racheté 28,950 de ses propres actions, et qu'elle a dépensé pour ces acquisitions la somme énorme de fr. 40,052,268, ce qui a diminué d'autant son capital; car il est évident que si elle n'avait pas dépensé cette somme, les créanciers trouveraient aujourd'hui fr. 40,052,268 de plus en espèces pour garantir leurs créances.

Le rachat de ces actions est donc encore une violation des statuts et la conduite de l'administration est d'autant plus blâmable en cette circonstance que les actions ont été rachetées au taux moyen de fr. 1,134, tandis que le taux d'émission n'est que de fr. 1,058, ce qui fait fr. 276 par action au-dessus du pair et que tous ces tripotages n'avaient d'autre but que de pousser à l'agiotage.

Après le rachat des actions de la société générale, vient une violation d'un autre genre, celle résultant de la possession personnelle d'actions industrielles.

Ses statuts lui défendent de s'immiscer dans l'industrie, et, contrairement à ces statuts, elle achète des actions pour une somme de fr. 22,944,305 !   4

Viennent ensuite les violations résultant des infractions à l'art. 25 des statuts qui défend à la société de jamais se constituer en avances ni envers le gouvernement, ni envers les particuliers, sans sûreté suffisante :

En effet, nous avons déjà vu, dans le compte-rendu, que plusieurs prêts sur nantissement avaient laissé des déficits considérables et que d'autres déficits plus considérables encore étaient inévitables de ce chef.

Nous avons vu, de plus, que les comptes-courants des sociétés nationale, de commerce et de mutualité devaient constituer la société générale en perte de plus de fr. 30,000,000.

S'il en est ainsi, c'est qu'apparamment les sûretés n'étaient pas suffisantes. Donc il y a eu violation de l'article 25 du contrat et violation d'autant plus manifeste que tous les comptes-courants de ces sociétés ont toujours eu lieu à découvert et sans sûreté aucune.

Nous terminerons cette longue série des fautes commises par l'administration de la société générale, en citant celle qui consiste à avoir distribué des intérêts et dividendes pris sur le capital.

Il résulte des documents publiés par la société générale et par la commission chargée de vérifier sa position que l'état de gêne de la société générale remonte à 1837 et 1838, époque à laquelle elle avait immobilisé tous ses capitaux, en les convertissant en valeur qui ne présentaient rien de disponible ni de réalisable.

Depuis cette époque, le capital de la société générale n'était donc plus entier et disponible, pour répondre de ses engagements comme le veut la loi, cela est évident.

En pareille circonstance, la loi exige que les bénéfices soient employés à reconstituer le capital, et défend de distribuer aucun intérêt avant la reconstitution intégrale de ce capital.

Or, dans l'espèce, le capital n'a jamais été reconstitué et la société a constamment distribué des intérêts.

Donc ces intérêts ont été pris sur le capital et leur distribution constitue une violation du pacte social.

L'examen auquel nous venons de nous livrer nous offre un bien triste spectacle et doit servir d'enseignement pour l'avenir.

D'une part nous voyons des administrateurs qui avant d'entrer en fonctions ont prêté solennellement le serment de bien et fidèlement gérer les affaires de la société, conformément à ses statuts et réglements, et qui à peine entrés en fonctions, violent leur serment et les statuts d'une mauière scandaleuse.

De l'autre nous voyons le gouvernement, garder pendant dix ans un silence absolu sur ces nombreuses atteintes portées à l'ordre public et s'effacer complètement, quand la loi lui fesait un devoir de surveiller exactement l'exécution des statuts de la société et de vérifier sa position dans un intérêt général.

Nous voyons ensuite des actionnaires auxquels les administrateurs cachent la position de la société en s'abstenant de publier chaque année un bilan, appuyé de pièces justificatives ; confiant malgré cela dans la probité de leurs mandataires ; entretenus dans une fausse sécurité par l'inaction du gouvernement, et exposés à tout perdre sans y être le moins du monde préparés.

Nous voyons enfin le premier établissement financier de la Belgique, celui-là même sur lequel devait reposer tout le crédit du pays, s'écrouler tout-à-coup sur lui-même, sapé dans sa base par ceux qui avaient juré de le préserver de toute atteinte, et ne laissant après lui que des ruines.

Conséquence déplorable ! mais conséquence inévitable du système vicieux dans lequel s'est lancé l'administration de la société générale !! Car telle est la fatalité qui s'attache à certaines positions qu'une fois entré dans une fausse voie, il n'est plus possible de s'arrêter.

C'est ainsi qu'après avoir compromis une partie de son capital, en créant les sociétés nationales et de commerce, au mépris de ses statuts, la société générale de même qu'un joueur qui est en perte, double son enjeu dans l'espoir de se refaire et risque ensuite son va-tout, s'est trouvé pour ainsi dire obligée de créer la mutualité pour maintenir le cours des actions.

C'est ainsi encore que, pour entretenir et stimuler l'agiotage, elle a prêté jusqu'à concurrence du pair aux porteurs d'actions industrielles, et jusqu'à concurrence de f. 1,500 sur ses propres actions créées au capital de fr. 1,058 ; qu'elle a racheté elle-même la moitié de ses propres actions au-dessus du pair, qu'elle a pris ensuite des actions dans une foule de sociétés industrielles et qu'elle a prêté des sommes considérables sans sûreté suffisante.

C'est ainsi enfin que, marchant de faute en faute, elle a absorbé successivement dans des opérations prohibées par ses statuts une somme double de son capital social et qu'il ne restera rien aux actionnaires, après la liquidation opérée.

Mais est-ce à dire que les administrateurs auront pu violer ainsi impunément les statuts et engloutir les capitaux qui leur étaient confiés, pour les employer dans un but déterminé ?

Est-ce à dire que cet état de choses laissera les actionnaires et les créanciers désarmés contre les administrateurs ?

Non, certainement, une pareille situation donne naissance pour chacune des parties à de nouvelles obligations, de nouveaux droits et de nouveaux devoirs.

Nous allons essayer d'indiquer les uns et les autres :

Ainsi nous dirons aux administrateurs anciens à MM. Meeus, Henri de Baillet, Demunck et Cie, à ceux-là qui ont fait ou laissé faire tout le mal :

Vous étiez administrateurs d'une société anonyme et en cette qualité mandataires de tous les actionnaires. Aux termes des articles 1991 et 1992 du code civil, vous étiez tenus d'accomplir votre mandat, en vous renfermant dans les limites des statuts, et vous êtes responsables non seulement de votre dol, mais encore des fautes que vous avez commises dans votre gestion. Cette obligation était pour vous d'autant plus rigoureuse, qu'indépendamment des obligations imposées à tout mandataire, vous aviez fait le serment solennel de vous conformer aux statuts et de les faire respecter.

Or, en vous livrant à des opérations prohibées par les statuts, vous avez commis un préjudice immense aux actionnaires et aux créanciers.

Donc vous êtes personnellement et solidairement responsables, et par suite vous êtes tenus à réparer ce préjudice.

Aux administrateurs actuels nous dirons :

En acceptant la succession de vos devanciers, vous avez accepté une tache pleine de difficultés et de périls ; à la vérité des inventaires réguliers ont constaté la situation au moment de votre entrée en fonctions et vous ne pouvez être recherchés pour ce qui est antérieur à votre gestion ; mais vous avez commis une faute sociale en apposant votre signature au bas d'un inventaire mensonger et ne pourriez sans assumer sur vous une grave responsabilité, continuer les opérations de la société générale au-delà du terme fixé par leurs statuts, c'est-à-dire au-delà du 31 décembre 1849.

A cette époque, la liquidation est pour vous un devoir, d'abord parce que le terme fixé pour la durée de la société sera expiré ; ensuite parceque la société générale n'est plus dans une position qui lui permette de remplir le but de son institution et que, d'après les principes qui régissent la matière, toute société dont les capitaux sont absorbés et qui ne peut plus remplir le but que les associés se sont proposé, doit être dissoute à l'instant, quand même le terme de sa durée ne serait pas arrivé.

D'ailleurs votre mandat expirant avec la société, vous n'auriez pas qualité pour continuer les opérations qui vous deviendraient personnelles, ni pour solliciter une nouvelle autorisation. Il faudrait pour cela le concours de tous les actionnaires et le refus d'un seul serait pour vous un obstacle insurmontable.

Il faut donc liquider nécessairement ; mais en réclamant cette mesure devenue indispensable, nous n'entendons pas qu'il faille vendre et réaliser l'actif à tort et à travers à jour fixe, au risque de compromettre davantage la position des créanciers et des actionnaires. Non, telle n'est pas notre pensée, nous croyons, au contraire, que la liquidation exigera beaucoup de précautions et de prudence de la part des liquidateurs.

Pour faire face aux dettes les plus pressées, nous croyons qu'il faut d'abord poursuivre rigoureusement la rentrée de tout ce qui est dû et exigible depuis long-temps, ensuite qu'il faut se hâter de réaliser et liquider toutes les mauvaises opérations, comme de vendre toutes les actions véreuses qui sont une charge pour la société et dont le produit quel qu'il soit deviendra toujours une ressource liquide et disponible.

Quant aux actions sérieuses, nous croyons qu'il faut prendre son temps, pour attendre une occasion favorable, et ne pas commettre une seconde fois la faute de les déprécier en les jetant en trop grande quantité sur le marché,

Mais, nous le répétons, à partir du 31 décembre 1849, le principe de la liquidation doit être posé, et la société ne peut plus subsister que pour sa liquidation, sans que vous engagiez votre responsabilité personnelle.

Aux créanciers nous dirons :

Vous aviez un capital de fr. 63,000,000 en espèces pour garantie de vos opérations avec la société générale et ce capital ne pouvait être détourné de sa destination; si donc les administrateurs, en violant les statuts ont diminué ce gage, vous avez contr'eux une action en garantie jusqu'à concurrence des sommes qu'ils ont détournées de leur destination.

Aux actionnaires nous dirons :

Les administrateurs des sociétés anonymes sont essentiellement responsables de l'inexécution des statuts. Ceux auxquels vous aviez accordé votre confiance, n'ont pas répondu à votre attente ; en violant les statuts, ils ont trahi leur mandat et compromis vos capitaux ; vous avez une action contr'eux pour vous faire rembourser le montant intégral de vos actions.

Le terme de la société expire le 31 décembre 1849 ; unissez-vous pour exiger la liquidation si vous voulez sauver quelques débris du naufrage et surtout ne vous laissez pas intimider par les clameurs de ceux qui, après avoir causé votre ruine, ont intérêt à reculer le moment où vous pourrez leur demander un compte sévère de leur conduite.

Ce serait en vain qu'on invoquerait une prétendue prolongation demandée ou obtenue sans votre concours et qu'on voudrait continuer la société sans avoir obtenu votre approbation, aucune puissance au monde ne peut vous forcer à rester en société, après l'expiration du terme consenti par vous. Liquidez donc et au besoin poursuivez les administrateurs pour qu'ils ayent à vous rembourser le montant intégral de vos actions, vous en avez le droit.

Enfin nous dirons au gouvernement.

Vous avez montré une faiblesse coupable envers les administrateurs en n'exigeant pas chaque année la publication du bilan avec toutes les pièces justificatives, et en ne fesant pas surveiller plus tôt par des commissaires spéciaux, l'exécution des statuts, comme vous le faites aujourd'hui.

Vous avez commis une faute grave en accordant l'autorisation aux sociétés nationale, de commerce et de mutualité qui étaient formées par la société générale et avec ses propres capitaux, contrairement à ses statuts.

Les statuts des sociétés anonymes étant une matière d'ordre public, c'était pour vous un devoir d'empêcher qu'il y fut porté atteinte, et ce devoir était d'autant plus rigoureux, que c'est vous, gouvernement, qui nommiez les administrateurs, qui devenaient par cela même de véritables fonctionnaires publics et que par conséquent, vous aviez au moins une responsabilité morale.

Vous ne pouvez prétendre avoir ignoré les nombreuses violations des statuts commises par les administrateurs et l'état déplorable des affaires de la société générale, puisque, ainsi que nous l'avons déjà dit, après avoir signalé le danger que couraient les déposants à la caisse d'épargne, dans une brochure que nous vous avons remise nous-même en 1842, nous avons appelé votre attention d'une manière toute particulière, sur la situation de la société générale, et provoqué votre intervention pour éviter une catastrophe que tout le monde prévoyait.

Et cependant malgré ces avis et les plaintes nombreuses qui vous sont parvenues, vous êtes resté dans l'inaction la plus complète et vous avez laissé arriver cette catastrophe que vous pouviez prévenir, ou au moins dont vous pouviez beaucoup diminuer la gravité.

Voilà la part de responsabilité qui vous incombe pour le passé.

Quant à l'avenir, votre devoir est tout tracé par la loi.

La société finissant le 31 décembre 1849, il faut en exiger la liquidation en prenant toutes les mesures nécessaires pour sauvegarder les intérêts des créanciers et des actionnaires.

Ce serait en vain qu'une demande d'autorisation vous serait adressée pour une prolongation quelconque, elle devrait être repoussée :

1° Parce que vous n'auriez pas le droit de l'accorder sans le concours de tous les actionnaires.

2° Parce que la société générale n'a plus son capital à offrir au public, comme garantie de ses engagements.

3° Parce que si vous accordiez une nouvelle autorisation sur les bases des statuts actuels, vous tromperiez vous même le public, en lui présentant comme garantie des capitaux qui n'existent plus.

Dans une pareille position, mieux vaudrait mille fois, s'il en était besoin, accorder un sursis qu'une nouvelle autorisation quelconque.

D'ailleurs quelle considération sérieuse pourrait-on invoquer pour justifier une nouvelle autorisation?

Dira-t-on que la société générale soutient le crédit? mais, nous avons déjà vu que ses opérations de banque sont devenues insignifiantes; qu'elles n'ont plus lieu qu'avec les établissements sous son patronage; que les industriels ont depuis longtemps donné une autre direction à leurs escomptes; que le plus mince banquier fait autant d'affaires que la société générale et que les autres établissements de crédit du pays ne laissent rien à désirer ainsi, que la société générale le reconnaît elle-même.

Nous avons vu de plus que loin de soutenir le crédit, la société générale vit elle-même de crédit et ne se maintient que par le crédit qu'on lui accorde, puisque son bilan constate qu'elle doit fr. 35,735,000 en obligations à terme plus fr. 41,500,000 en billets de banque.

Cette raison ne peut donc être invoquée.

Dira-t-on qu'elle favorise l'industrie nationale?

Nous avons déjà vu, et c'est là précisément la cause de sa ruine, qu'au lieu de venir en aide à l'industrie en lui prêtant ses capitaux, elle avait préféré se faire industrielle elle-même, et qu'elle n'était d'aucune utilité pour l'industrie nationale.

Ainsi de quelque côté qu'on envisage la question, soit sous le rapport du crédit, soit sous le rapport de l'industrie, rien ne saurait motiver une nouvelle autorisation, ni arrêter la liquidation d'une société dont le terme est expiré; qui ne peut plus remplir le but de son institution faute capitaux et qui depuis longtemps ne rend plus aucun service.

Dour, le 15 avril 1849.